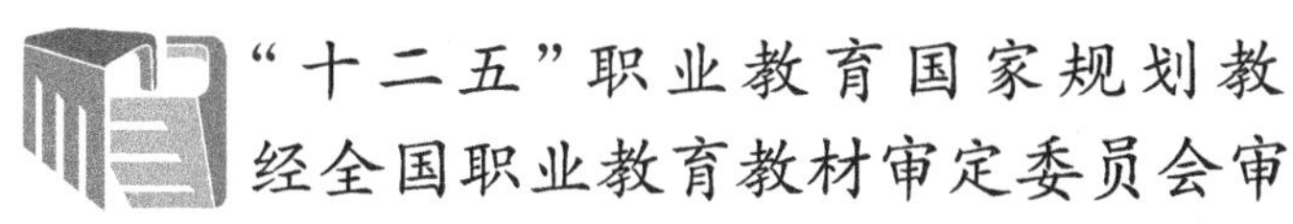

"十二五"职业教育国家规划教材
经全国职业教育教材审定委员会审定

Chengshi Guidao Jiaotong Qianyin Gongdian Xitong

城市轨道交通牵引供电系统

武永红 主 编
王玉璞 田 瑞 副主编

人民交通出版社股份有限公司
China Communications Press Co.,Ltd.

内 容 提 要

本书为"十二五"职业教育国家规划教材，经全国职业教育教材审定委员会审定。全书从城市轨道交通供电系统的组成和系统运行入手，系统介绍了城市轨道交通供电的各个重要的组成部分，分为六个单元，主要内容包括城市轨道交通牵引供电系统概述、城市轨道交通牵引供电系统的电源系统、城市轨道交通牵引直流供电系统、城市轨道交通牵引供电牵引网、低压配电及操作电源、城市轨道交通牵引供电其他设备。

本书可作为高职、中职院校城市轨道交通供电专业教材使用，也可供相关专业人员参考。

* 本书配有教学课件，读者可于人民交通出版社股份有限公司网站下载。

图书在版编目(CIP)数据

城市轨道交通牵引供电系统 / 武永红主编. —北京：人民交通出版社股份有限公司，2016.7

"十二五"职业教育国家规划教材

ISBN 978-7-114-13090-8

Ⅰ.①城… Ⅱ.①武… Ⅲ.①城市铁路—铁路车辆—电力牵引—供电系统—职业教育—教材 Ⅳ.①U239.5

中国版本图书馆 CIP 数据核字(2016)第 128948 号

"十二五"职业教育国家规划教材

书　　名：城市轨道交通牵引供电系统

著 作 者：武永红

责任编辑：刘　倩　张　洁

出版发行：人民交通出版社股份有限公司

地　　址：(100011)北京市朝阳区安定门外外馆斜街 3 号

网　　址：http://www.ccpcl.com.cn

销售电话：(010)59757973

总 经 销：人民交通出版社股份有限公司发行部

经　　销：各地新华书店

印　　刷：北京虎彩文化传播有限公司

开　　本：787 × 1092　1/16

印　　张：6

字　　数：136 千

版　　次：2016 年 7 月　第 1 版

印　　次：2024 年 6 月　第 6 次印刷

书　　号：ISBN 978-7-114-13090-8

定　　价：20.00 元

前言

QIANYAN

随着城市化进程的不断推进，城市轨道交通事业得到飞速发展。凭借运输容量大、运送速度快等诸多优势，城市轨道交通在公共交通系统中的重要性日益突出。

安全可靠的城市轨道交通供电是城市轨道交通正常运行的重要前提，供电系统承担着向轨道交通提供动力能源的重要任务。编者结合轨道交通供电系统的现场实情，整理收集轨道交通供电系统的各种文献与技术资料，编写了本书。

本书从城市轨道交通供电系统的组成和系统运行入手，系统介绍了城市轨道交通供电的各个重要的组成部分。全书分为六个单元：单元一简要介绍了城市轨道交通牵引供电系统的组成、功能与特点；单元二介绍了城市轨道交通牵引系统供电电源、变电所类型、牵引变电所主接线、10kV 系统运行及调度编号等；单元三介绍了城市轨道交通供电整流系统、直流供电系统主接线、直流供电系统正常运行与应急运行等；单元四介绍了城市轨道交通牵引网的分类及组成、接触轨和接触网的供电形式；单元五介绍了牵引变电所低压配电形式、400V 系统的电气主接线、400V 系统的运行及操作电源的运用；单元六介绍了城市轨道交通供电其他设备，包括杂散电流防护、钢轨电位限制装置、再生制动能耗装置等。书中还提供了某城铁变电所主接线图，供大家参考。

本书单元一由北京铁路电气化学校武永红编写；单元二由北京铁路电气化学校武永红、迟美丹编写；单元三由北京铁路电气化学校朱晓强、迟美丹编写；单元四由吉林交通职业技术学院田瑞编写；单元五由辽宁铁道职业技术学院王玉璞编写；单元六由吉林交通职业技术学院田瑞编写。全书由武永红担任主编，王玉璞、田瑞担任副主编，李伟担任主审。

北京城轨供电公司曹大涌、北京铁路电气化学校刘惠英为本书的编写提供了大力帮助，并参与审稿，提出了许多宝贵意见，在此表示衷心感谢。

由于编者水平所限，书中疏漏和错误之处在所难免，恳请读者提出宝贵意见。

编　者

2016 年 4 月

目录
MULU

单元一　城市轨道交通牵引供电系统概述

城市轨道交通（简称“城轨”）牵引供电系统是城市轨道交通运营的动力能源，为城市轨道交通机车牵引、动力、照明、通信、信号等各种设备提供不间断电能，是城市轨道交通运营的重要前提，在城市轨道交通系统中具有不可动摇的基础地位。

【知识目标】

1. 了解城轨牵引供电系统的组成，熟悉供电系统的主要功能；
2. 了解城轨供电系统的典型特征，掌握直流供电的优缺点；
3. 了解城轨供电系统主要电气设备的功能，掌握主要电气设备在系统中发挥的作用。

【能力目标】

1. 能够分析供电系统各组成部分之间的关联关系；
2. 能够独立认识、分析直流供电的独特性；
3. 能够独立辨识变压器、断路器、隔离开关、互感器，能够指出变压器、断路器、隔离开关、互感器在供电系统的地位。

【素质目标】

1. 培养学生团队合作与安全意识，一定的沟通交流意识；
2. 培养学生自我学习与信息化学习的意识。

课题一　城市轨道交通牵引供电系统的组成与功能

城轨供电系统是城市电网的一个重要组成部分。该系统通过从城市电网取电，经过供电系统对电能进行变换和输送，以适应轨道交通车辆和其他相关用电设备运行的电能形式，并进行电能供给。

城轨供电系统一般分为牵引供电电源系统、牵引供电系统和动力照明供电系统三大组成部分。

此外，按照供电电能形式的不同，城轨牵引供电系统可分为交流和直流两大部分。

一、牵引供电电源系统的组成与功能

牵引供电电源系统由城市电力公司变电所和城市轨道交通电源变电所及配电线路组成。

城市轨道交通的电源来自电力公司的区域变电站,电压为10kV。自区域变电站经城市轨道交通电源变电站和输电线路分配给牵引变电所,保证各牵引变电所都有两路以上专用牵引电源。

如图1-1所示,虚线以上为城市供电公司供电部分;虚线以下为城市轨道交通供电系统内部电源部分。

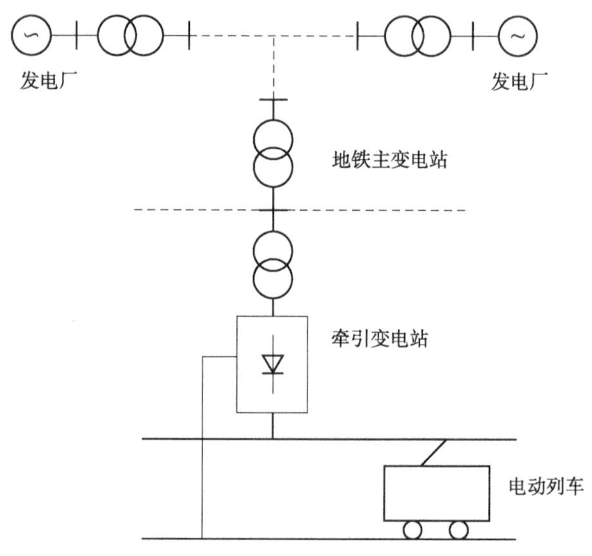

图1-1 城市轨道交通供电系统

二、牵引供电系统的组成与功能

牵引供电系统(图1-2)由变电所、馈电线、接触轨(接触网)、走行轨、回流线等组成。它为城市轨道交通车辆运行提供牵引电能和其他辅助设备的动力电能。在电动列车采用再生制动时,还可将再生电能反馈到电力系统。

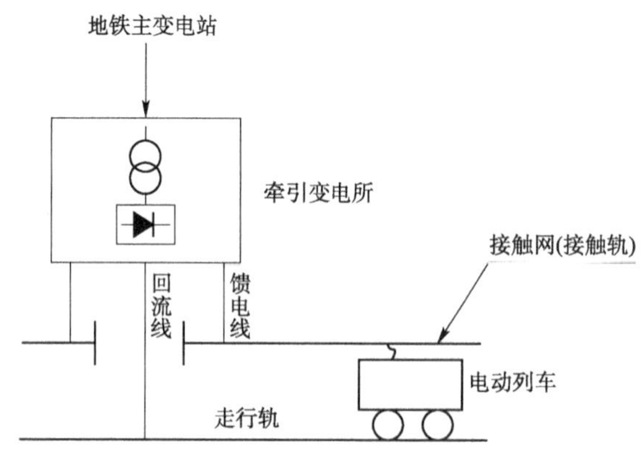

图1-2 城市轨道交通牵引供电系统

系统运行时，变电所将降压整流变成直流1500V或750V电压的电能，经馈电线传输至接触轨（接触网），通过轨道车辆的集电靴（受电弓）输送给轨道电动列车，为城轨列车提供牵引供电，然后从电动列车再经走行轨、回流线返回变电所，从而完成牵引供电任务。

其中，接触网有架空接触网（直流1500V）和接触轨（直流1500V或750V）两种悬挂方式。

1. 变电所

按照实现功能的不同，城市轨道交通变电所分为电源站、牵引站、降压站（跟随站）、牵引降压混合站和电源牵引降压混合站。

2. 馈电线

从牵引变电所向接触轨（接触网）输送直流电能的导线称为馈电线。

3. 接触轨（接触网）

接触轨俗称"三轨"，用金属轨条制成，沿线路与走行轨平行敷设，是用于向电动列车供给电能的刚性导电体。通常接触轨供电电压为直流1500V或750V。

接触网位于电动列车上部，架空装设，经电动列车受电弓向列车供电。通常架空接触网供电电压为直流1500V。

4. 回流线

用以供牵引电流返回变电所的导线称为回流线。

三、动力照明供电系统组成与功能

动力照明供电系统由降压变电所、动力照明配电线路及用户所组成。它主要用于向各车站、区间、车辆厂等处所的照明、扶梯、风机、水泵、冷冻机组等设备提供电源和通信、信号、防灾报警、综自系统、人防工程等设备提供电源。通常将三相电源经降压变电所降压，采用380V三相交流供电方式。

课题二　城市轨道交通牵引供电系统的特征

城市轨道交通牵引供电系统涉及城市供电与轨道交通两大行业，既具有城市供电的专业属性和电力系统的规律及要求，又有轨道交通的行业属性，因此，与一般的供电系统又不完全一致。城轨牵引供电系统具有如下特征。

一、可靠性要求高

供电可靠性是根据用电负荷的性质和突然中断其供电在政治或经济上造成损失或影响的程度，对用电设备提出不允许中断供电的要求。按照供电可靠性的要求，用电负荷分为三级。

1. 一级负荷

突然停电将造成人身伤亡或在经济上造成重大损失，或在政治上造成重大不良影响的负荷。

2. 二级负荷

突然停电将在经济上造成较大损失或在政治上造成不良影响的负荷。

3. 三级负荷

不属于一级和二级，供电紧张时，可拉闸限电的负荷。

城轨牵引供电系统属于一级重要负荷。城轨各牵引变电所除了配备两路进线电源外，另外还要配置两路联络电源，以降低牵引变电所停电的概率，降低城轨系统停运的风险；车站除两路400V电源外，还配置由相邻站供电的事故电源，提高故障应急处理的能力，减轻危害。

二、直流牵引供电

我国城轨牵引供电系统普遍采用直流牵引供电形式，主要包括直流1500V和750V两个电压等级。

由于直流牵引供电具有调速范围大、调速方便、易于控制，车辆起动、制动平稳，牵引接触网简单，投资省，电压质量高等诸多优点，而交流供电调速范围小、调速困难等不足，直流牵引供电形式在城轨交通供电行业被广泛采用。

但是，直流牵引供电也存在牵引变电所设备复杂、直流电气保护困难、运行费用增加等不足，此外，还有电网谐波、电腐蚀、电磁干扰等较难解决的危害。所以，城轨牵引供电系统安全运行的要求比一般供电系统要高很多。

课题三　城市轨道交通牵引供电系统主要电气设备

城轨牵引供电系统担负着向电动列车供电的重要任务，是城轨系统的动力之源。牵引供电系统的电气设备在系统的变电、供电过程中发挥着重要作用。城轨牵引供电系统电气设备主要包括牵引变压器、牵引整流柜、高压开关设备、互感器等。

一、牵引变压器

牵引变压器是牵引供电系统中的主要核心设备之一，在供电系统中发挥着电压变换、电能传送的重要作用。按照城轨牵引供电系统形式和供电环境等因素的不同，常用的牵引变压器主要包括三相油浸式电力变压器和三相干式变压器两大类。

1. 三相油浸式电力变压器

油浸式电力变压器的铁芯和绕组浸在绝缘变压器油中，依靠变压器油的自然循环实现变压器的冷却、绝缘。油浸式电力变压器如图1-3所示。

图1-3　三相油浸式电力变压器

油浸式变压器的结构主要包括铁芯、绕组、油箱、油枕、绝缘套管、呼吸器、分接开关、气体继电器、温度计等，如图1-4所示。

(1)铁芯

铁芯的作用包括导通磁路和支撑绕组。铁芯通常采用小于0.35mm厚、导磁系数高的冷轧晶粒取向硅钢片构成。

(2)绕组

绕组和铁芯都是变压器的核心元件。绕组构成变压器的电路,它是变压器电输入和输出的电气回路。绕组通常由铜或铝导线绕制而成,套在铁芯上。

(3)油箱和冷却装置

油浸式变压器的绕组及铁芯都装在充满变压器油的油箱中,油箱用钢板焊成,通常都与冷却装置(散热器)做成一体。变压器油既是绝缘介质,又是冷却介质。

(4)油枕

油枕又称储油柜,它与变压器油箱连通,主要用于调节油箱油量,防止变压器油过速氧化,上部有注油孔。

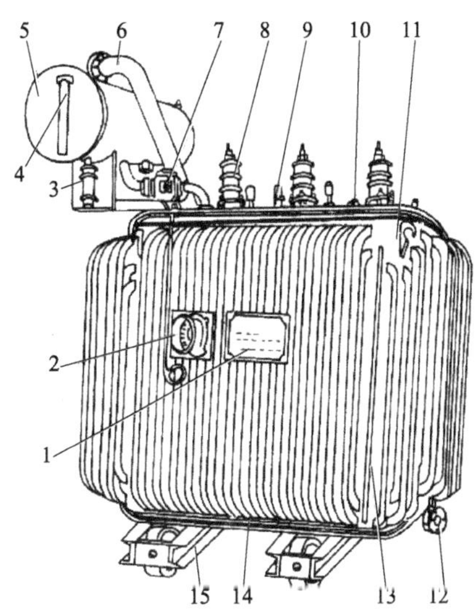

图 1-4 三相油浸式电力变压器的结构

1-铭牌;2-温度计;3-呼吸器;4-油位计;5-油枕;6-防爆管;7-气体继电器;8-高压套管;9-低压套管;10-分接开关;11-油箱;12-放油阀;13-散热器;14-接地端;15-轮式小车

(5)呼吸器

为了保证油枕内上部的空气是干燥的,油枕下部装有呼吸器,呼吸器内装有干燥器(硅胶)。油枕内的绝缘油通过呼吸器与大气连通,干燥剂可以吸收空气中的水分和杂质,保持变压器内部绕组的良好绝缘性能。

(6)绝缘套管

变压器绕组引出线借助绝缘套管与外电路连接,并与接地的油箱绝缘。绝缘套管一般都装设于变压器的上部。

(7)分接开关

为了保证变压器二次侧电压,变压器会装设分接开关。分接开关通过改变高压绕组抽头,增加或减少绕组匝数来改变电压比,以达到稳定二次侧电压的目的。

(8)气体继电器

气体继电器(瓦斯继电器)是变压器内部故障的主要保护装置。气体继电器装设于油枕与油箱的连接管上,当变压器内部故障时,油箱内气体推动气体继电器动作,发出信号或保护跳闸。

图 1-5 三相干式变压器

(9)防爆装置

防爆装置包括防爆管和压力释放装置两种,装设于变压器顶盖上。当变压器内部严重故障时,油分解产生大量气体,油箱内部压力增大,防爆装置将压力和油释放,防止油箱内压力剧增造成爆炸危险。

(10)温度计

温度计用于监视变压器运行温度,发出信号。温度计指示的是变压器上层油温。

2. 三相干式变压器

干式变压器就是指铁芯和绕组不浸在绝缘油中,依靠空气对流进行冷却的变压器,如图 1-5 所示。

干式变压器相对于油浸式变压器,结构简单了许多。城轨牵引供电系统大量采用干式变压器用作牵引变压器。

二、牵引整流柜

整流柜的作用是将交流电变成直流电供给电动列车运行使用。为了降低直流电的脉动量,通常采用 24 脉波整流。

牵引变电所通常设置两台牵引变压器,单台牵引变压器的两组低压绕组之间相位差 30°,引入整流柜,整流柜内有两个三相桥式整流电路并联组成 12 脉波整流,通过并列运行的两套整流柜形成等效 24 脉波整流。

三、高压开关设备

高压开关设备主要作用是:正常运行时,接通或切断电路,保证电力设备或线路投入或退出运行;发生故障时,将故障部分从电网快速切除,保证系统中无故障部分的正常运行及设备、运行维修人员的安全。高压开关设备通常包括高压断路器、高压隔离开关等。

1. 高压断路器

高压断路器是牵引供电系统中重要的开关设备,配有专门熄灭电弧的装置。高压断路器的作用:当系统正常供电工作时,可以接通或开断负载电流(控制作用);当系统供电故障情况时,通过继电保护装置发出信号,控制断路器动作,切除故障电路部分,保证无故障部分的正常运行。

常用的断路器主要有油断路器、空气断路器、真空断路器、SF6 断路器、磁吹断路器等类型。目前,城轨牵引变电所 10kV 部分主要采用真空断路器(图 1-6)。

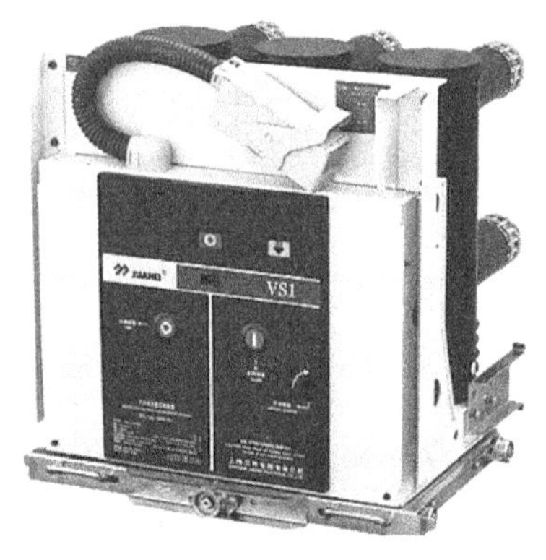

a)真空断路器正面(操作面板)

b)真空断路器背面(电路及灭弧机构)

图 1-6　真空断路器

真空断路器利用真空的高介电强度来熄灭电弧,故称为真空断路器。它具有灭弧速度快、寿命长、检修周期长、体积小等优点。

真空断路器结构主要包括真空灭弧机构(图 1-6b)、操作机构(图 1-6a)等。通过操作机构控制断路器触头在真空灭弧室动作,从而达到熄灭电弧,实现分、合闸的目的。真空断路器结构如图 1-7 所示。

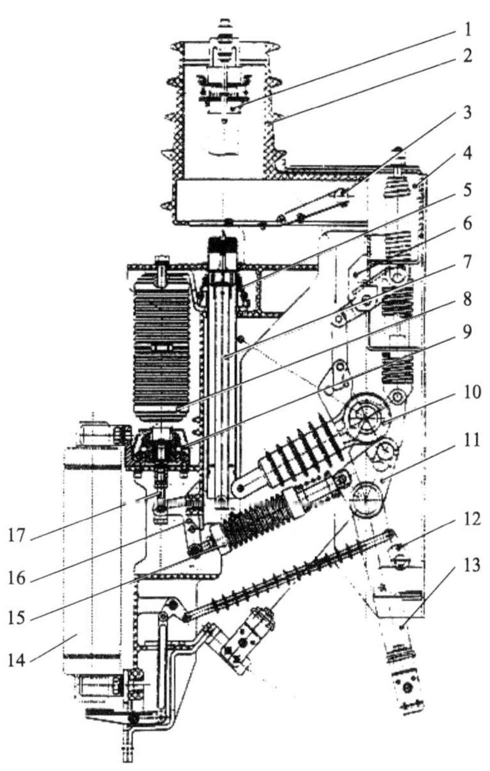

图 1-7　真空断路器结构

1-隔离开关上触头座;2-绝缘支持架;3-金属活门;4-金属框架;5-隔离开关下触头座;6-弹簧操作机构;7-隔离开关导电筒;8-真空灭弧室;9-真空灭弧室下出线座;10-隔离开关扣臂;11-真空负荷开关驱动部分;12-脱扣部分;13-接地开关;14-熔断器;15-推杆;16-拐臂;17-导杆

2. 高压隔离开关

高压隔离开关(图 1-8)也是牵引供电系统中重要的开关设备,没有专门的熄灭电弧装置,需与高压断路器配套使用,不能单独切断负荷电流和故障电流。断路器处于断开状态时,隔离开关才可以进行操作。

图 1-8　10kV 高压隔离开关

隔离开关主要功能:一是隔离开关断开时,触头间形成明显断开点,保证高压电器及装置在检修工作时的安全,起隔离电压的作用;二是接通和开断小电流电路。

由于隔离开关没有灭弧装置,不能开断负荷和故障电流,因此,为了保证供电操作安全,通常将隔离开关与断路器联锁,以防误操作。使用断路器和隔离开关等高压开关设备改变变电所运行状态的操作,通常称为倒闸操作。

四、互感器

牵引供电系统的运行需要掌握系统中的电压、电流等参数,但系统中的高电压、大电流无法直接测量,因此需要电压互感器将高电压降成低电压,电流互感器将大电流变成小电流进行测量。

互感器的功能主要是将高电压或大电流按比例变换成标准低电压(100V)或标准小电流(5A 或 1A,均指额定值),以便实现测量仪表、保护设备及自动控制设备的标准化、小型化。同时,互感器还可用来隔开高电压系统,以保证人身和设备的安全。

1. 电流互感器(TA)

电流互感器(图 1-9)的结构较为简单,由相互绝缘的一次绕组、二次绕组、铁芯以及构架、壳体、接线端等组成。

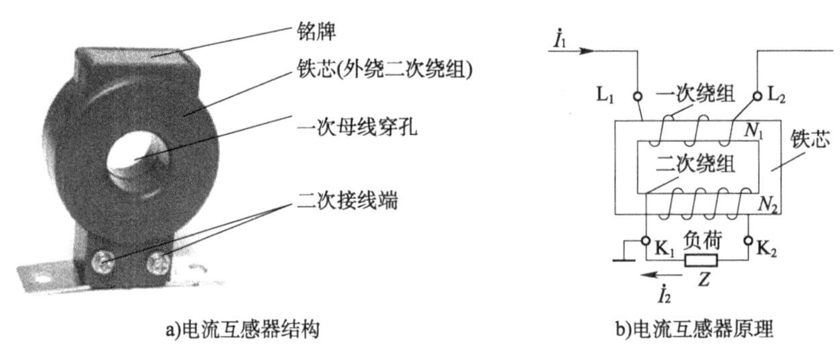

图 1-9　电流互感器

电流互感器工作原理与变压器基本相同。$K = I_1/I_2 = N_2/N_1$,电流互感器的电流与匝数成反比。一次绕组的匝数(N_1)较少,二次绕组的匝数(N_2)较多。一次绕组直接串联于电源线路中,一次负荷电流(I_1)通过一次绕组时,产生的交变磁通感应产生按比例减小的二次电流(I_2),从而实现大电流变小电流,供测量仪表适用。

2. 电压互感器(TV)

电压互感器(图 1-10)变换电压主要是用来给测量仪表和继电保护装置供电,从而测量电压。电压互感器的容量很小,一般都只有几伏安、几十伏安。

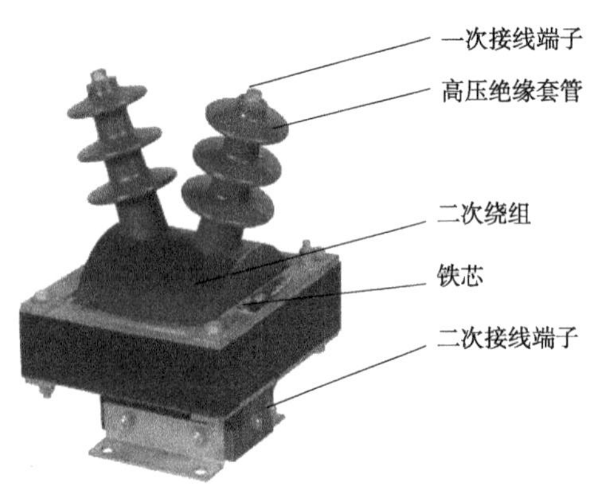

图 1-10　电压互感器结构

电压互感器的基本结构和变压器相似,它也有两个绕组,一次绕组和二次绕组都装在或绕在铁芯上。两个绕组之间以及绕组与铁芯之间都有绝缘,使两个绕组之间以及绕组与铁芯之间都有电气隔离。电压互感器在运行时,一次绕组 N_1 并联接在线路或母线上,二次绕组 N_2 并联接仪表或继电器。因此,在测量高压线路上的电压时,尽管一次电压很高,但二次却是低压的,可以确保操作人员和仪表的安全。

单元思考题

1. 城轨供电系统由几大部分组成,各有什么作用?
2. 城轨牵引供电系统由哪几部分组成,各有什么作用?
3. 城轨供电系统有什么特征?
4. 城轨牵引供电为什么采用直流供电?
5. 变压器在城轨供电系统中有什么作用?
6. 大中型城市的城轨牵引供电系统为什么大量采用干式变压器?
7. 断路器按照灭弧介质划分,有几种类型? 城轨供电 10kV 系统主要采用哪种?
8. 什么是倒闸操作?
9. TA、TV 如何连接在供电系统中,其二次侧标准值是多少?

单元二　城市轨道交通牵引供电系统的电源系统

【知识目标】

1. 了解电力系统的组成；
2. 熟悉电力系统中性点的运行方式；
3. 了解电气主接线的基本形式及应用场所；
4. 掌握城轨变电所的电气主接线形式；
5. 掌握城轨变电所电气主接线结构特点及相关设备状态；
6. 掌握城轨变配电所的种类，掌握各类变配电所的特点及作用；
7. 掌握城轨变配电所 10kV 系统调度的编号原则；
8. 掌握城轨变配电所 10kV 系统的正常运行方式，及正常运行时的开关状态；
9. 掌握城轨变配电所 10kV 系统的非正常运行方式和应急运行方式。

【能力目标】

1. 能够分析城轨供电系统的组成及各部分的作用；
2. 具备分析不同中性点运行方式下故障特征的能力；
3. 能够正确判断电气主接线形式，并了解其使用特点；
4. 能够正确分析城轨变电所电气主接线形式；
5. 能够正确说出城轨变电所相关设备的工作状态；
6. 能够根据主接线图区分各类城轨变配电所；
7. 能够标出 10kV 系统的调度号；
8. 能够根据 10kV 系统的主接线图，描述正常运行方式下的开关状态，并进行倒闸操作；
9. 能够根据 10kV 系统的主接线图，描述非正常运行方式下和应急运行方式下的开关状态，并进行倒闸操作。

【素质目标】

1. 具有一定的团队合作意识，具有一定的信息检索意识；
2. 认识电气主接线过程中，培养学生举一反三、比较分析的学习能力；
3. 对变电所电气主接线学习中，提高学生安全、合作、遵章守纪的意识；
4. 课堂讨论和学习成果展示中，锻炼学生的语言表达能力和创新意识；
5. 培养学生的思维能力、识图能力及实操能力。

课题一　城市轨道交通牵引供电系统的供电电源

城轨牵引供电系统是城轨系统的动力能源系统，负责城轨交通运营的电力供应。城轨牵引供电系统只是电力系统中具有用户属性的一个终端子系统，并不具备发电运营的能力，其电能取自于城市电网，属于电力系统的一部分，即城市电网是城轨牵引供电系统的供电电源。

任务一　认识电力系统的组成

用电力网将发电厂的电气设备（指发电机和变配电设备）与电能用户联结起来的整体，称为电力系统。电力系统包括发电、输电、变电、配电和用电等环节。

电力系统主要由发电厂、电力网、变电站（所）及用户（电力负荷）组成，如图2-1所示。

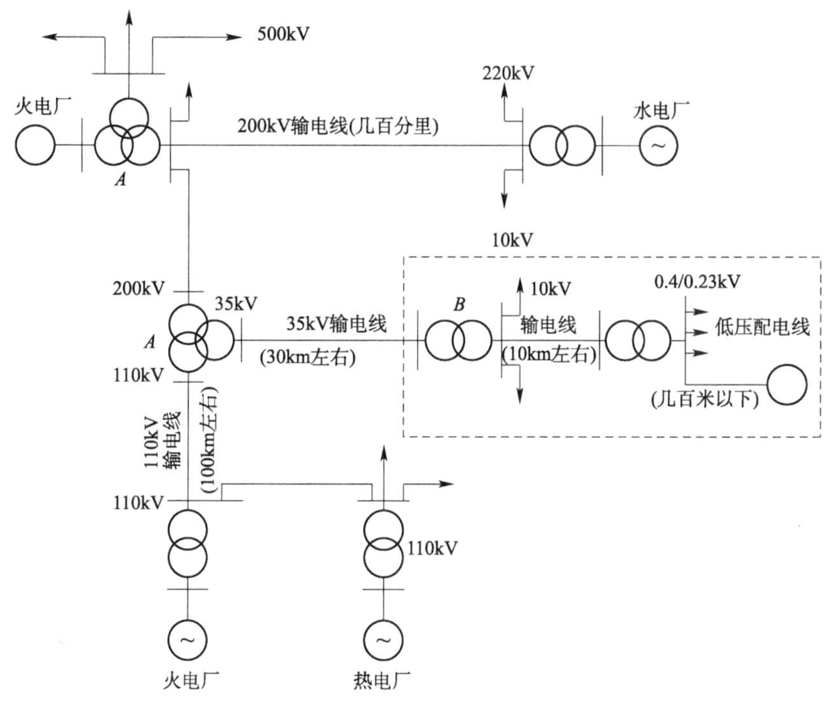

图2-1　电力系统

一、发电厂

发电厂是将自然界蕴藏的各种一次能源转换为电能（二次能源）的工厂。

发电厂按其所利用的能源不同，分为水力发电厂、火力发电厂、核能发电厂以及风力发电厂、地热发电厂、太阳能发电厂等类型。目前主要以火力发电为主。

二、电力网

为了充分利用动力资源，减少燃料运输，降低发电成本，通常在燃料资源充足的地区建造火力发电厂，在水力资源丰富的地区建造水电站。但是，电能的用户（工厂、企业或大居民区)往往远离这些地方,因而必须采用高压输电线进行远距离输电。此外,为了保证系统的可靠性和经济性,也需要将发电厂连接起来组成系统。

电力网是输电和配电设备及线路的组合,其作用是将电能从发电厂输送和分配到电能用户。

按作用的不同,电力网可分为输电网和配电网。输电网是由发电厂的升压变电站、输电线以及连接这些线路的变电站组成,输电网中电压等级最高、重要性最强的输电线路和变电所共同构成了电力系统的主网络,具有骨架支撑作用,又称为网架,输电网的主要作用是电力输送;配电网是由配电线路和配电所组成,承接输电网分配的电力到配电所向用户供电。配电网的电压因用户的需要而定。通常配电网又分为高压配电网(110kV 及以上)、中压配电网(35kV、10kV、6kV、3kV)及低压配电网(220V、380V)。各级电网划分不是绝对不变的,随着电力网的发展,各级电压在电网中的作用亦在发生变化。

按本身结构方式的不同,电力网又可分为开式电力网和闭式电力网。凡是用户只能从单方向得到电能的电力网称为开式电力网;凡是用户可以从两个及两个以上方向同时得到电能的电力网称为闭式电力网。

配电线路通常组成环网。用户的电源可从两条线路上得到,每个配电用户处装设三个环网开关,两个接在两端线路上,另一个接用户变压器。若将三个环网开关和配电变压器放在一个箱子中,即构成箱式变电站。其进出线都采用电缆,安装和检修方便,外形美观。大、中城市为了用电可靠,往往在城区周围接成环形输配电网。

三、变电站(所)

变电站(所)主要由电力变压器和配电装置组成,是改变电压和分配电能的场所。将电压升高的变电站称为升压变电站;将电压降低的变电站称为降压变电站(降压站);只起电能分配作用的称为配电所。

变电站(所)的主要作用是变换电压。为了把电力从能源集中的地区输送到距离较远的用电集中地区,减少输送过程中的电能损耗,需要将电压升高,采用高压输电的方式,经电力线路将电能输送到用电地区,再经过数次降压后供给用户使用,因此变电站(所)必不可少。此外,变电站(所)还有集中、分配、控制电能流向和调整电压的作用。

按照不同的分类标准,变电站(所)可分为以下几类:

1. 按构造形式分类

变电站(所)按构造形式不同,可分为室外、室内、地下和箱式等多种。

(1)室外式

除了仪表、继电器、直流电源及配电开关柜等设备安装在室内外,变压器、断路器等主要设备均安置在室外。这种变电站(所)占地面积大、建筑面积小。

(2)室内式

主要电气设备均置于室内,占地面积小、建筑面积大,用于城市居民密集和土地狭窄地区或海岸、盐湖、化工厂及其他空气污秽地区。

(3)地下变电所

在人口和工业高度集中的大城市,建筑物密集。为将电力输送到城市中心,常采用地下变电所,其地面上为建筑物、道路广场、公园等。

（4）箱式变电所

一般用在环网供电的配电线路的配电点，它可以标准化生产、工厂装配，安装简单，操作、维修也很方便。

2. 按在系统中作用分类

按在系统中作用不同，变电站（所）可分为枢纽（区域）变电站、地区（地方）变电站和用户（终端）变电所。

枢纽变电站是系统中的重要变电站。这种变电站有两个以上电源的汇集、分配和交换，穿越功率大，形成电力交换中心，但并不向用户直接供电，只是高压向中压供电，通常采用自耦合三绕组变压器。

地区变电站供给一个地区的用电。这种变电所多属于受电变电站，没有或很少有穿越功率，通常采用三绕组变压器，即高压受电、中压转供电、低压配电，接线方式则根据其用电负荷性质和供电范围而定。

用户变电所是从系统中接入高压电源，将其变换成低压电能后供给用户。这种变电所接线简单，供电范围小，通常采用双绕组变压器。

3. 按变电站（所）规模分类

变电站（所）的规模一般用电压等级、变压器容量和出线回路数来表示。电压等级通常用变压器高压侧额定电压来表示，如35kV、110kV、220kV、330kV、500kV变电站；变压器容量则用几台变压器和每台变压器的额定容量来表示，主变压器的总容量就是该变电所的容量；各级电压出线回路数，通常指由各级电压母线向外馈出线路的回数。

此外，还可以按值班方式分为有人值班和无人值班变电所。

四、电力负荷

电力负荷有两个含义：一是指用电设备或用电单位（用户）；二是指用电设备或用户所消耗的电功率或电流。这里所讲的电力负荷，是指前者。

电力负荷根据其对供电可靠性的要求及中断供电在政治、经济上所造成损失或影响的程度，分为三级（参见单元一的课题二）。城轨牵引供电属于一级重要负荷，不得随意停电。

任务二　学习电力系统的电能质量

电力系统中的所有电气设备，都是在一定的电压和频率下工作的。电气设备的额定频率和额定电压是其正常工作且能获得最佳经济效果的频率和电压。频率和电压是衡量电能质量的两个基本参数。

一、电压

电压质量是按照国家标准或规范对电力系统电压的偏差、波动和波形的一种质量评估。理想的供电电压应该是幅值恒为额定值的三相对称正弦电压。由于电力系统存在阻抗、用电负荷的变化和用电负荷的性质（如冲击性负荷、非线性负荷）等因素，实际供电电压无论是在幅值、波形，还是三相对称性上，都与理想电压之间存在偏差。一定程度上，提高电能质量主要就是提高电压质量。

1. 电压偏差

电压偏差是指电网实际电压与额定电压之差,通常以其对额定电压的百分值来表示。

$$\Delta U\% = \frac{U - U_{\mathrm{N}}}{U_{\mathrm{N}}} \times 100\%$$

实际电压偏高或偏低对用电设备的良好运行都有影响。以照明白炽灯为例,电压升高,则光效高,但寿命减少;电压降低,则光效严重下降。

在电力系统正常状况下,客户受电端的供电电压允许偏差为:

(1)35kV 及以上电压供电的,电压正、负偏差的绝对值之和不超过额定值的 10%。

(2)10kV 及以下三相供电的,为额定值的 ±7%。

(3)220V 单相供电的,为额定值的 +7% ~ -10%;在电力系统非正常状况下,客户受电端的电压最大允许偏差不应超过额定值的 ±10%。

2. 电压波动

电压波动是指电网电压的幅值(或有效值)的快速变动。电压波动值以用户公共供电点的相邻最大与最小电压方均根值之差对电网额定电压的百分值来表示;电压波动的频率用单位时间内电压波动(变化)的次数来表示。由电压波动引起的灯光闪烁对人眼、脑产生的刺激效应称为电压闪变。当大容量冲击性负荷运行时,剧烈变化的负荷电流将引起线路压降的变化,从而导致电网发生电压波动。电压波动不仅引起灯光闪烁,还会使电动机转速脉动、电子仪器工作失常等。

3. 高次谐波

当电网电压波形发生非正弦畸变时,电压中出现高次谐波。高次谐波的产生,除电力系统自身背景谐波外,在用户方面主要是由大功率变流设备等非线性用电设备引起。高次谐波的存在,将导致电力系统能耗增大、电气设备尤其是静电电容器过流及绝缘老化加快,并会干扰自动化装置和通信设施的正常工作。

4. 三相电压不对称

三相电压不对称指三个相电压在幅值和相位关系上存在偏差。三相不对称主要由系统运行参数不对称、三相用电负荷不对称等因素引起。供电系统的不对称运行,对用电设备及供配电系统都有危害;低压系统的不对称运行还会导致中性点偏移,从而危及人身和设备安全。

二、频率

频率是正弦交流电的三个基本要素之一,是供电电能质量的一个重要参数。我国规定电力系统标称频率(俗称工频)为 50Hz,国际上标称频率有 50Hz 和 60Hz 两种。由电力系统供电的交流用电设备的工作频率应与电力系统标准频率相一致。

当电能供需不平衡时,系统频率便会偏离其标称值。频率偏差不仅影响用电设备的工作状态、产品的产量和质量,更重要的是影响到电力系统的稳定运行。

用户供电系统的电压频率是由电力系统保证的。我国国标规定,电力系统正常频率偏差允许值为 ±0.2Hz。当系统容量较小时,偏差值可以放宽到 ±0.5Hz。频率的调整,主要依靠发电厂调节发电机的转速。

随着社会的发展和技术的进步,一部分电机类的用电设备逐步采用非工频的电压频率工作,如变频器在交流电机调速上的应用提高了交流电机调速的灵活性,节能降耗。

三、可靠性

供电可靠性是指供电系统持续供电的能力,是考核供电系统电能质量的重要指标。

供电可靠性主要通过供电可靠率、用户平均停电时间、用户平均停电次数、系统停电等效小时数等加以衡量。

$$供电可靠率 = (1 - 用户平均停电时间/统计期间时间) \times 100\%$$

目前,我国供电可靠率在一般城市地区都达到了99.9%以上,用户年平均停电时间小于3.5h;重要城市中心地区供电可靠率达到了99.99%以上,用户年平均停电时间小于53min。

任务三　学习电力系统中性点的运行方式

电力系统中性点是指三相电力系统星形接线的变压器的中性点。电力系统中性点的运行方式对系统的设备选择、稳定运行、故障判断和处理以及继电保护都有重要影响。

电力系统中性点按接地方式不同,分为中性点不接地、中性点经消弧线圈接地、中性点经低电阻接地、中性点直接接地等方式。前两种称为小电流接地系统,后两种称为大电流接地系统。大、小电流接地系统之间的运行特性差别很大。

一、中性点不接地的电力系统的运行

三相交流系统的相间及相与地间都存在着分布电容。此处只考虑相与地间的分布电容,用集中电容 C 来表示,如图2-2所示。

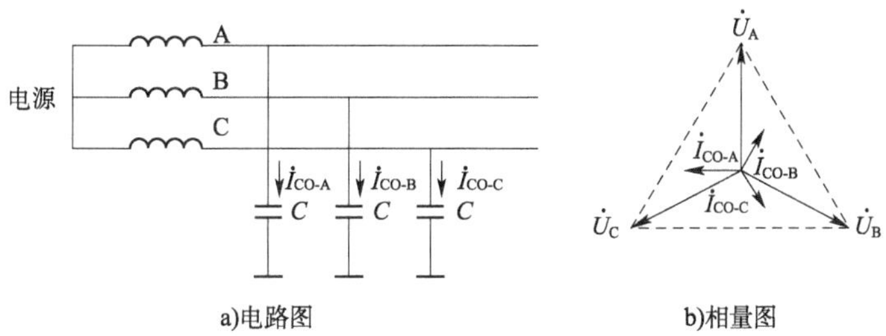

图2-2　中性点不接地的电力系统

系统正常运行时,三相电压 U_A、U_B、U_C 是对称的,三相对地电容电流 $\dot{I}_{CO}$也是平衡的。因此三相电容电流相量和为零,没有电流在大地中流过。每相对地的电压就是相电压。

当系统发生单相接地故障时,例如C相接地,如图2-3a)所示。这时C相对地电压为零,而A相的对地电压 $\dot{U}'_A = \dot{U}_A + (-\dot{U}_C) = \dot{U}_{AC}$,B相对地电压 $\dot{U}'_B = \dot{U}_B + (-\dot{U}_C) = \dot{U}_{BC}$,如图2-3b)所示。

由此可见,C相接地时,完好的A、B两相对地电压都由原来的相电压升高到了线电压,即升高为原对地电压的$\sqrt{3}$倍。而线电压是不变的,这就是人们通常所说的"一低、二高、三不变"。

C相接地时,系统的接地电流(电容电流)$\dot{I}_C$应为A、B两相对地电容电流之和,$\dot{I}_C = -(\dot{I}_{CA} + \dot{I}_{CB})$。$\dot{I}_C$在相位上正好较C相电压 $\dot{U}_C$超前90°。

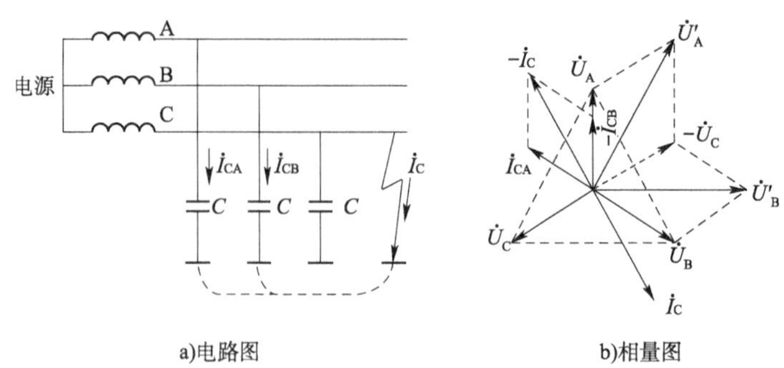

a)电路图　　b)相量图

图 2-3　中性点不接地系统单相接地

由于 $I_C=\sqrt{3}I_{CA}$，而 $I_{CA}=U'_A/X_C=\sqrt{3}U_A/X_C=\sqrt{3}I_{C0}$，因此 $I_C=3I_{C0}$。说明中性点不接地系统中单相接地电容电流为系统正常运行时每相对地电容电流的 3 倍。

由于线路对地的分布电容 C 不好计算，因此 I_{C0} 和 I_C 也不好根据 C 来确定。工程上一般采用经验公式来计算其单相接地电容电流。此经验公式的数值方程为：

$$I_C=\frac{U_N(l_{oh}+35l_{cab})}{350}$$

式中：I_C——系统的单相接地电容电流(A)；

U_N——系统的额定电压(kV)；

l_{oh}——同一电压 U_N 的具有电联系的架空线路总长度(km)；

l_{cab}——同一电压 U_N 的具有电联系的电缆线路总长度(km)。

虽然中性点不接地方式有绝缘水平高等缺点，但由于它具有跳闸次数少这一重要优点，因此普遍被用于接地电容电流不大的系统中。对电缆线路构成的 3～10kV 系统，接地电容电流应不大于 30A。

当中性点不接地的电力系统中发生一相接地时，系统的三相线电压无论相位和量值均未发生变化，因此系统中的所有设备仍可照常运行。但是，如果另一相又发生接地故障，则形成两相接地短路，将产生很大的短路电流，损坏线路及其设备。因此，我国有关规程规定：中性点不接地的电力系统发生单相接地故障时，可允许暂时继续运行 2h。但必须同时通过系统中装设的单相接地保护或绝缘监察装置发出报警信号或指示，以提醒运行值班人员注意，采取措施，查找和消除接地故障。

在寻找故障点时，可以将供电线路逐条进行断电试验，在试验时，要考虑各部分之间的功率平衡、继电保护配合等因素。要先检查变配电所内的设备有无故障(如互感器、避雷器、电缆头有无击穿)，瓷质部分有无损坏和放电闪络，设备上有无落物、小动物或外力破坏现象，有无断线接地等。在确定变电所内没有问题的情况下，采用瞬停拉线检查法，将故障所在母线上的各条供电线路逐条进行断电试验。在断电试验时，可先对绝缘性能较差、防雷性能较弱、线路较长、分支线路较多、负荷较轻或不重要的线路进行断电。如线路装有重合闸，可用重合闸查找接地。在试验中，故障点所在线路断开时，绝缘监视仪表均恢复正常，由此可断定接地故障线路。对于不重要的线路，也可将该线路通知停电，进行检修；对于重要的线路，可以转移负荷或启用备用线路供电，然后对故障线路进行检修，并对其他线路恢复正常供电。

所有寻找接地的工作，都要戴橡胶绝缘手套，穿绝缘靴，避免触及接地的金属。若接地故障危及人身及设备的安全，应立即将故障线路拉闸停电。在经过 2h 后，如接地故障尚未消除，也应切除故障线路，以防故障扩大。

二、中性点经消弧线圈接地的电力系统

中性点不接地的电力系统中，如果接地电容电流较大，将在接地点产生断续电弧，这就可能使线路发生电压谐振现象。由于线路既有电阻、电感，又有电容，因此发生一相弧光接地时，就形成一个 R-L-C 的串联谐振电路，从而可使线路上出现危险的过电压，有可能使线路上绝缘薄弱地点的绝缘击穿。为了消除单相接地时接地点出现断续电弧，因此按规定在单相接地电容电流大于一定值时，系统中性点必须采取经消弧线圈接地的运行方式，如图 2-4 所示。

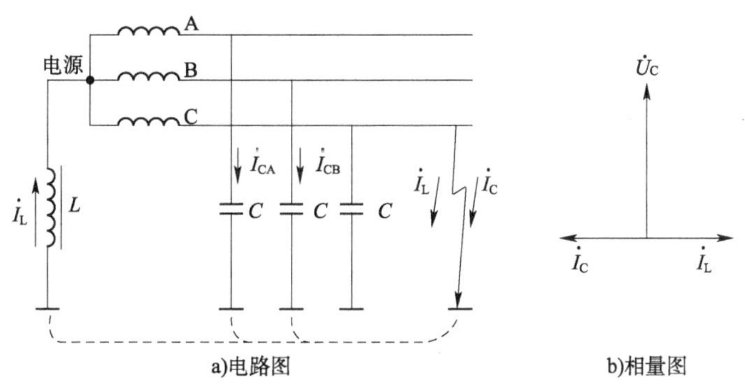

图 2-4　中性点经消弧线圈接地系统单相接地

当系统发生单相接地时，通过接地点的电流为接地电容电流 $\dot{I}_C$与流过消弧线圈的电感电流 $\dot{I}_L$之和（消弧线圈可看作一个电感 L）。由于 $\dot{I}_C$比 $\dot{U}_C$超前90°，而 $\dot{I}_L$比 $\dot{U}_C$滞后90°，因此 $\dot{I}_L$与 $\dot{I}_C$在接地点相互补偿。如果接地点电流补偿到小于最小生弧电流时，接地点就不会产生电弧，从而也不会出现上述的电压谐振现象了。

根据 $\dot{I}_L$与 $\dot{I}_C$的关系，消弧线圈对接地电流的补偿分为全补偿、欠补偿和过补偿。被广泛采用的补偿方式是过补偿。

在中性点经消弧线圈接地的系统中，与中性点不接地的系统一样，在发生单相接地故障时，三相线电压不变，因此可允许暂时继续运行 2h，但必须发出指示信号，以便采取措施，查找和消除故障或将故障线路的负荷转移到备用线路上去。而且，这种系统在一相接地时，另两相对地电压也要升高到线电压，即升高为原对地电压的$\sqrt{3}$倍。

三、中性点经低电阻接地的电力系统

过去 10kV 架空配电网大多采用中性点不接地或经消弧线圈接地的方式，但随着城市电网的改造，架空线路逐步由电力电缆替代，单相接地后的接地电流很大，用消弧线圈难以补偿，所以目前采用中性点经低电阻接地的方式。

此种运行方式，一般将小于 10Ω 的电阻接于中性点与地之间。正常运行时，中性点电位为零或接近零，所以没有或只有少量的电流流过电阻。

当线路任意一相出现接地时，中性点电位发生偏移，有较大的电流流过该接地电阻。这个电流也会流过故障点，叠加在故障点的电容电流上。由于故障点的电流可以达到数百安

培，故障线路不能继续运行，零序保护会快速动作，断开线路断路器，以切除故障相。由于电缆故障多为永久性故障，因此在线路上不装设重合闸装置。为了提高供电可靠性，此种接地方式必须从电网结构、自动化装置上采取措施，如加装备用电源自动投入装置等。

中性点经低电阻接地有如下优点：

(1)可以降低单相接地时非故障相的过电压，避免发展成两相接地。

(2)过电压水平较低，可以采用绝缘水平较低的电缆和设备，节省投资。

(3)自动清除故障，运行维护方便。

中性点经低电阻接地有如下缺点：

(1)接地故障电流大。

(2)引起地电位升高，使接触电压和跨步电压升高，可能超过安全范围。

四、中性点直接接地的电力系统

图2-5所示为中性点直接接地的电力系统在单相接地时的情形。这种系统发生单相接地，就造成单相短路(用符号 $k^{(1)}$ 表示)，其单相短路电流 $I_k^{(1)}$ 比线路的正常负荷电流要大许多倍，通常要使线路上的断路器(开关)自动跳闸或者使熔断器熔断，将短路故障部分切除，恢复其他无故障部分的系统正常运行。

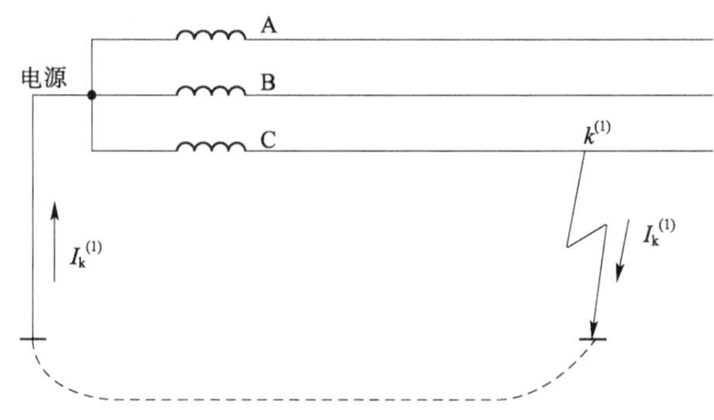

图2-5　中性点直接接地系统单相接地时的电流方向

从继电保护角度看，大接地电流无疑也是有利的。此外，中性点直接接地的系统在发生一相接地时，其他两相对地电压不会升高，因此这种系统中的供用电设备的相绝缘只需按相电压来考虑，而不必按线电压考虑。

我国规定110kV及以上的电力系统中性点均采取直接接地的运行方式。

五、中性点运行方式选择

对各级电压的电力系统，应该采取哪一种中性点接地方式，是一个综合性的技术经济比较问题。根据我国情况，系统接地方式规定如下：

(1)500kV——中性点直接接地。

(2)220kV、110kV——中性点直接接地，中性点与大地之间接有隔离开关，隔离开关是否闭合根据系统接地电流的大小而定。

(3)35kV——经消弧线圈接地。

(4)10kV——中性点不接地或经小电阻接地方式(以电缆线路为主的配电网)。

(5)380V/220V——直接接地方式。

课题二　城市轨道交通牵引变电所的电气主接线

变电所的电气主接线是指由变压器、断路器、开关设备、母线等及其连接导线所组成的接受和分配电能的电路。电气主接线反映了变电所的基本结构和功能，在运行中，它能标明电能输送和分配的关系以及变电所一次设备的运行方式，成为实际运行操作的依据。在设计中，主接线的确定对变电所的设备选择、配电装置布置、继电保护配置和计算、自动装置和控制方式选择都有重大影响。此外，电气主接线对牵引供电系统运行的可靠性、电能质量、运行灵活性和经济性起着决定性作用。因此，电气主接线是牵引变电所的主体部分。

电气主接线的基本要求主要有以下几点：

(1)可靠性

可靠性是指保证在各种运行方式下，牵引负荷以及其他动力的供电连续性。牵引负荷是一级负荷，中断供电将造成重大经济损失与社会影响，甚至造成人员伤亡。所以，高质量、连续的供电是对主接线的首要要求。

(2)灵活性

灵活性是指在系统故障或变电所设备故障和检修时，能适应调度的要求，灵活、简便、迅速地改变运行方式，且故障影响范围最小。这就要求主接线力求简单、有效，投入或切除某些设备和线路操作方便，避免误操作。灵活性还表现在具有适应后期发展的可能性。

(3)安全性

安全性是指保证在进行一切操作切换时人身和设备的安全，以及能在安全条件下工作人员进行维护检修作业。

(4)经济性

经济性是指应使主接线投资与运行费用达到经济、合理。经济性主要取决于母线的结构类型与组数、主变压器容量、结构型式和数量，配电装置结构类型和占地面积等因素。经济性往往与可靠性之间存在着矛盾，要增强主接线的可靠性与灵活性，就需要增加设备和投资。因此，在确定主接线的形式时，要进行经济技术比较，在安全可靠、运行灵活的前提下，尽量使投资和运行费用最省。

变电所的变压器与馈线之间采用什么方式连接来保证工作的可靠性呢，解决的措施是采用母线制。应用不同的母线连接方式，可使在变压器数量少的情况下也能向多个用户供电，或者保证用户的馈线能从不同的变压器获得电能。母线又称汇流排，它起着集中变压器电能和为各用户馈电线分配电能的作用。故在主接线的设计中，母线制的选择就显得特别重要。

任务一　学习变电所电气主接线的基本形式

根据长期的电力运行发展过程，变电所主要有以下几种基本的电气主接线形式。

一、单母线不分段接线

在主接线中，单母线不分段是比较简单的接线方式，如图 2-6 所示，设有一套母线，电源回路和用电回路通过断路器和隔离开关后分别与母线连接。这种接线的特点是接线简单，设备少，配电装置费用低，经济性好，并能满足一定的可靠性。每回路由断路器切断负荷电流和故障电流，检修断路器时，可用侧隔离开关使断路器与电压隔离，保证检修人员安全。

任一回路可从任何电源回路取得电能，不会因运行方式的不同而造成相互影响。检修任一回路及其断路器时，仅该回路停电，其他回路不受影响。但是，检修母线和与母线相连接的隔离开关时，将造成全部停电，母线发生故障，将使全部电源回路断电，待修复后才能恢复供电。这种接线仅用于对可靠性要求不高的 10～35kV 的地区负荷。

二、单母线分段接线

单母线分段接线是克服不分段母线的工作不够可靠、灵活性差的有效方法，如图 2-7 所示。

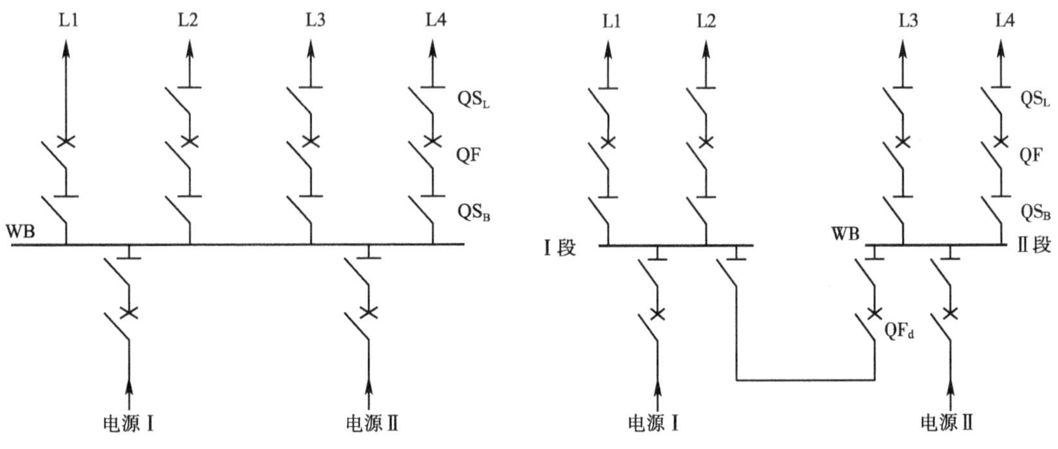

图 2-6　单母线不分段接线

WB-母线；QF-断路器；QS_L、QS_B-线路和母线隔离开关

图 2-7　单母线分段接线

QF_d-分段断路器

分段断路器 QF_d 正常时闭合，使两段母线并联运行，电源回路和同一负荷的馈电回路应交错连接在不同的分段母线上，这样，当母线检修时，停电范围缩小一半。母线故障时，分段断路器 QF_d 由保护动作而自动跳闸，将故障段母线断开，非故障段母线及与相连接的线路仍照常工作，仅使故障段母线连接的电源线路与相应负载回路停电。用隔离开关分段的接线可靠性稍差一些，母线故障时将短时全部停电，打开分段隔离开关后，非故障段母线即可恢复供电。单母线分段接线广泛应用在 10～35kV 地区负荷、各城市轨道交通牵引变电所和 110kV 电源进线回路较少的 110kV 接线系统。

三、具有旁路母线的单母线接线

单母线分段接线虽能提高运行的可靠性与灵活性，但线路断路器检修或故障时将使该回路停电。而实际运行中，断路器的故障率较高、检修频繁，是配电装置中的薄弱环节，为克服这一缺点，可采用如图 2-8 所示的具有旁路母线的单母线接线。

图中 WB 为工作母线，正常工作时旁路断路器 QF_p 断开，旁路母线与各回路连接的隔离开关均打开，当任一线路断路器例如 1QF 需要检修时，可用旁路断路器代替它。为此，需先投入 QF_p（QF_p 两侧隔离开关先合上），然后再切断 1QF 和其两侧隔离开关，这样便完成了由 QF_p 代替 1QF 的转换而使线路 L1 不停电。

具有旁路母线的单母线接线不但解决了断路器的公共备用和检修备用，在调试、更换断路器及内装式电流互感器，整定继电保护时都可不必停电。它广泛应用于牵引负荷和 35kV 以上变电所中，特别是负荷较重要、线路断路器多、检修断路器不允许停电的场合。主要缺点是增加了一套旁路母线和相应的设备，以及为此而增加配电装置的占地面积。

四、双母线接线

双母线接线如图 2-9 所示，设有两套母线，即工作母线 WBⅠ和备用母线 WBⅡ，两套母线通过母联断路器 QF_L 连接起来，每条电源线路和馈电线路经断路器后，用两只隔离开关分别与两条母线连接。正常运行时，仅母线 WBⅠ工作，所有与 WBⅠ相连接的隔离开关闭合，而与 WBⅡ连接的隔离开关断开，母联断路器 QF_L 打开。

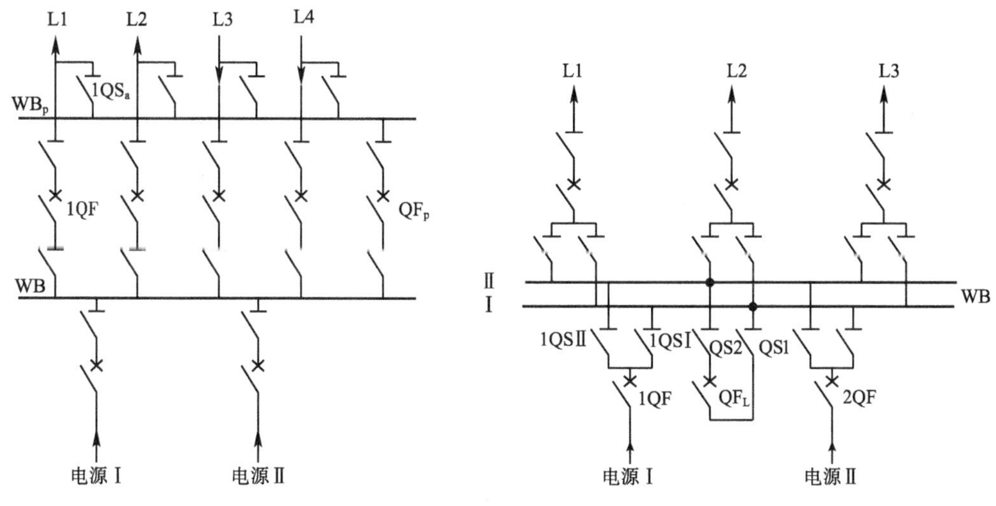

图 2-8　具有旁路母线的单母线接线

QF_p-旁路断路器；WB_p-旁路母线

图 2-9　双母线接线

双母线接线中，由于它比单母线接线增加了一套备用母线，故当工作母线发生故障时，可将全部回路迅速转换到由备用母线供电，缩短停电时间。检修母线时可倒换到由另一套母线供电而不中断供电，检修任一回路的隔离开关时，只需使本回路停电。无备用断路器情况下，检修任一断路器时，可通过一定的转换操作，用母联断路器代替被检修的断路器，因而停电时间很短。这时电路按具有旁路母线的单母线运行，被检修断路器两侧用电线跨接。

此外，双母线接线方式具有较好的运行灵活性。它还可以单母线分段的接线方式运行，只需将一部分电源回路和馈电回路接至一套母线，而将其余回路接人另一套母线，通过母联断路器使两套母线连接且并联运行。

双母线接线的缺点是隔离开关的数量多，配电装置结构复杂，转换步骤较烦琐，且一次费用和占地面积都相应增大。

这种接线适用于变电所电源回路较多（四回路以上），且具有通过母线给其他变电所输送大功率供电回路的场合。对于 110kV 以上电压的变电所母线，如线路较多且不允许停电，则可采用具有旁路母线的双母线接线。

五、桥形接线

如图 2-10 所示为桥形接线，其特点是有一条横跨连接的“桥”。这种接线中，四个连接元件仅需三个断路器，配电装置结构也简单。根据桥接母线的位置不同，分为内桥形和外桥形接线两种。前者的桥接母线连接在靠变压器侧，而后者则连接在靠线路侧，桥接母线上的断路器在正常状态下合闸运行。

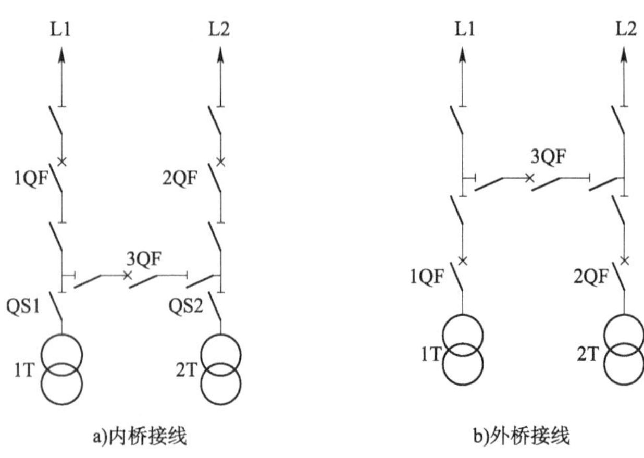

图 2-10　桥形接线

内桥接线的特点是两台断路器 1QF 和 2QF 接在引出线上，因此引出线的切除和投入是比较方便的。当线路发生短路故障时，仅故障线路的断路器断开，其他回路仍可继续工作。但是当变压器(如 1T)故障时，与变压器 1T 连接的两台断路器 1QF 和 3QF 都将断开，从而影响了非故障线路 L1 的工作。此外，这种接线当切除和投入变压器时，操作也比较复杂。例如切除变压器 1T 时，必须首先断开断路器 1QF、3QF 和变压器低压侧的断路器(图中未画出)，再断开隔离开关 QS1，然后接通 1QF 和 3QF，使出线 L1 恢复工作。所以，内桥接线一般适用于故障较多的长线路和变压器不需要经常切除的场合。

外桥接线特点与内桥接线相反。当变压器发生故障或运行中需要切换时，只要断开本回路即可，不影响其他回路的工作。但是，当线路(如出线 L1)发生故障时，断路器 1QF 和 3QF 都将断开，因而变压器 1T 也将被切除。为了恢复 1T 的正常运行，必须在断开 2QS 后，再接通 1QF 和 3QF。因此，外桥接线适用于线路较短和变压器按经济运行需要经常切换的情况。

比较以上两种接线的运行特点可看出，内桥接线适用于供电线路长、故障较多、负荷较稳定的场合，而外桥接线适用于电源线路较短、故障少、负荷不稳定、变压器需要经常切换的场合，也可用在有穿越功率通过的与环形电网相连接的变电所中。

任务二　学习城市轨道交通牵引变电所的电气主接线

城轨变电所的电气主接线形式为单母线分段，城轨供电系统大多采用环网供电方式。环网供电方式可分为开环和闭环方式。由于闭环方式继电保护整定困难，因此环网供电方式基本为开环方式运行。在开环方式中，又可分为“单线单环”“双线单环”和“双线双环”的形式。

一、单线单环

“单线单环”(图 2-11)指城轨电源开闭站由供电局城网电源变电站获得一路进线电源，供给临近的牵引站，牵引站各母线之间通过电缆和开关组成环网。

二、双线单环

“双线单环”(图 2-12)与单线单环基本相同，所不同的是电源开闭站从城市电网引入两路电源进线。

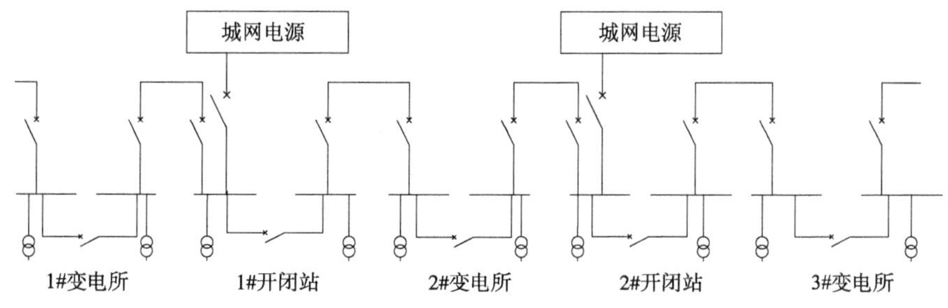

图 2-11 “单线单环”接线方式

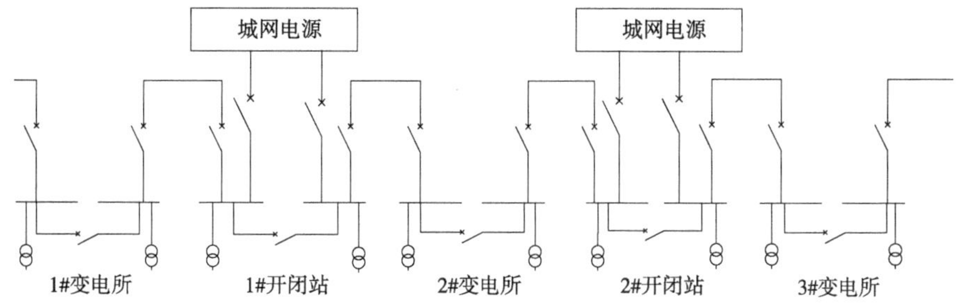

图 2-12 “双线单环”接线方式

三、双线双环

以上两种接线方式，虽然接线简单，但供电可靠性不高。

“双线双环”（图 2-13），指城轨电源开闭站由供电局城网电源变电站获得双路电源供给邻近的牵引变电站，牵引变电站各段母线又通过联络开关与相邻的牵引变电站构成环网接线。在供电分界处，相应的联络开关（K1、K2、K3、K4）处于分位，以分隔各供电区域。当某供电区域发生大面积停电时，可以通过相应的联络开关向这一区域供电，这样的接线方式保证了供电系统的可靠性。目前，城轨变电所中电主接线主要采用“双线双环”的方式。

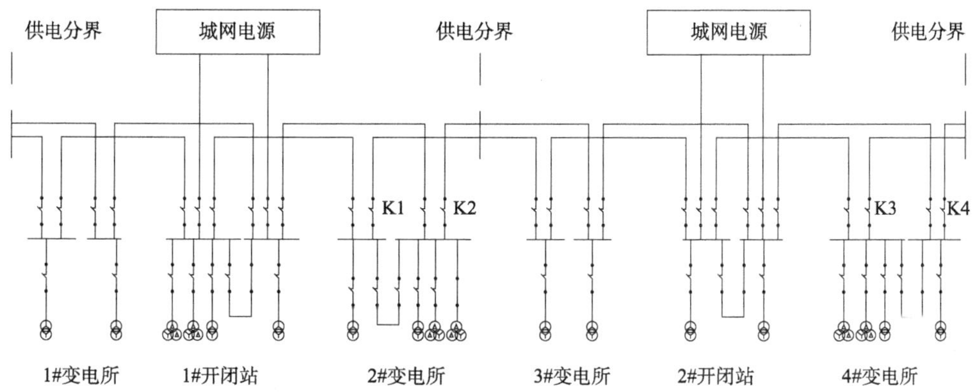

图 2-13 “双线双环”接线方式

随着经济的高速发展，铁路和城市交通的运量相应迅速增长，牵引变电所增容，增加馈线和其他设备的改建、扩建经常存在。因此，电气主接线的设计应当长远规划，精心设计，为将来的扩建留有余地。另外，城轨变电所设计中，还应注意场地条件安排与城市规划发展相结合。图 2-14 所示是以某城轨牵引变电站为例，说明其电气主接线形式及相关设备情况。

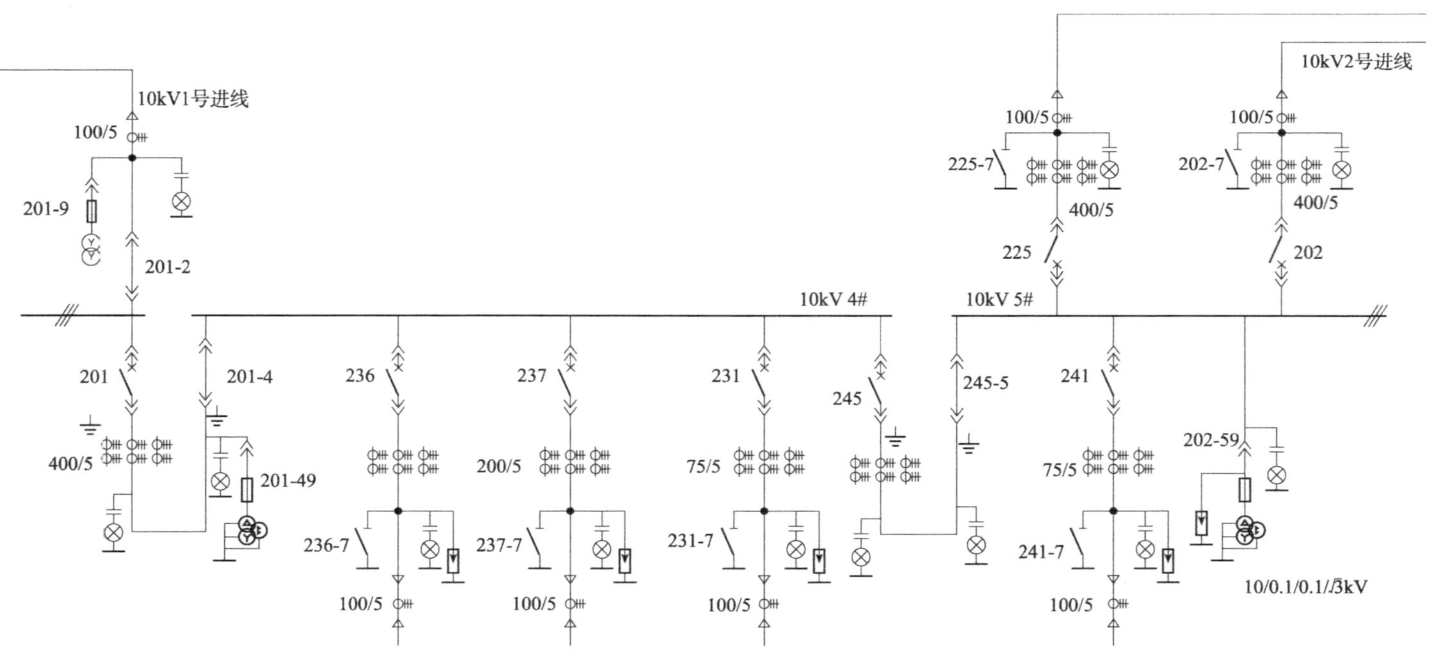

图 2-14　某城轨牵引变电站供电系统一次图(部分)

201、202-进线开关,来自供电局或电源站;201-2-进线隔离开关;225-电源联络开关,既可以给其他站送电,也可以从其他站受电;201-9-二绕组电压互感器(进线 PT);201-4-母线隔离开关(进线提升柜),实质就是隔离开关,作用把电源转到母线;245-母线联络开关;245-5-母线分段隔离开关;236、237-牵引机组开关;231、241-配电变压器开关;201-49、202-59-电压互感器,用于测量电压值,并起到交流绝缘监察作用;236-7、237-7、231-7、241-7-接地刀闸

课题三　城市轨道交通变配电所的分类及作用

任务一　城市轨道交通牵引变电所的分类

城轨供电系统主要由电源的接受和分配系统、直流750V电源的变换和分配系统、牵引网系统、400V动力照明系统四部分组成。城轨牵引变电所(图2-15)的主要作用是接受电能,变换电能,分配电能,将交流电变成直流电,供电力机车或动力照明系统等负载使用。

图2-15　城轨牵引变电所

按功能不同,城轨变电所分为电源站、牵引站、降压站、牵引降压混合站和电源牵引降压混合站。

任务二　学习不同类型城市轨道交通变电所的作用

一、电源站作用

电源站设两路进线,直接从地方供电局引进10kV电压,分别经开关201、202,进线提升柜201-4、202-5送电至本站10kV的4#母线和5#母线,通过10kV馈出开关供给本区域的牵引变电站、降压变电站作为进线电源,如图2-16所示。由于此种变电站内只有开关,没有主变压器,进线电压与馈出电压相同,所以也称作电源开闭站。

二、牵引站作用

牵引站的功能是将电源站送来的10kV交流电源经降压整流后,变换为直流牵引网相应电压等级的直流电,向电动车组供电,如图2-17所示。牵引站的容量和设置的位置是根据牵引供电计算的结果,并作经济技术比较后确定的。

三、降压站作用

降压站是将10kV电压经变压器降压成动力、照明所需的380V/220V电压,为车站与区间的动力系统、照明系统、通信信号系统提供电源,如图2-18所示。降压站可与牵引站合并设置,也可单独设置。降压站应按一级负荷考虑,一般设有两台配电变压器,每台变压器应满足一、二级负荷所需的容量。正常情况下,由两台变压器分别供电。

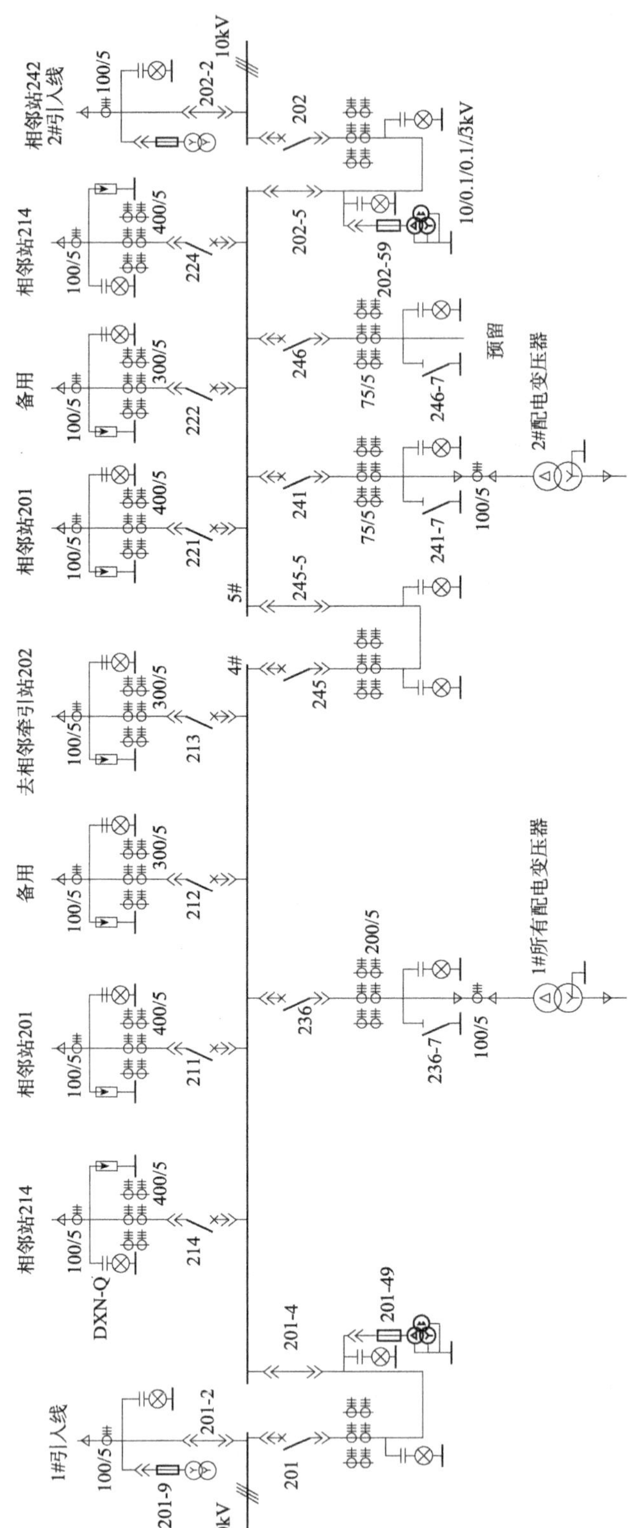

图 2-16 电源开闭站主接线

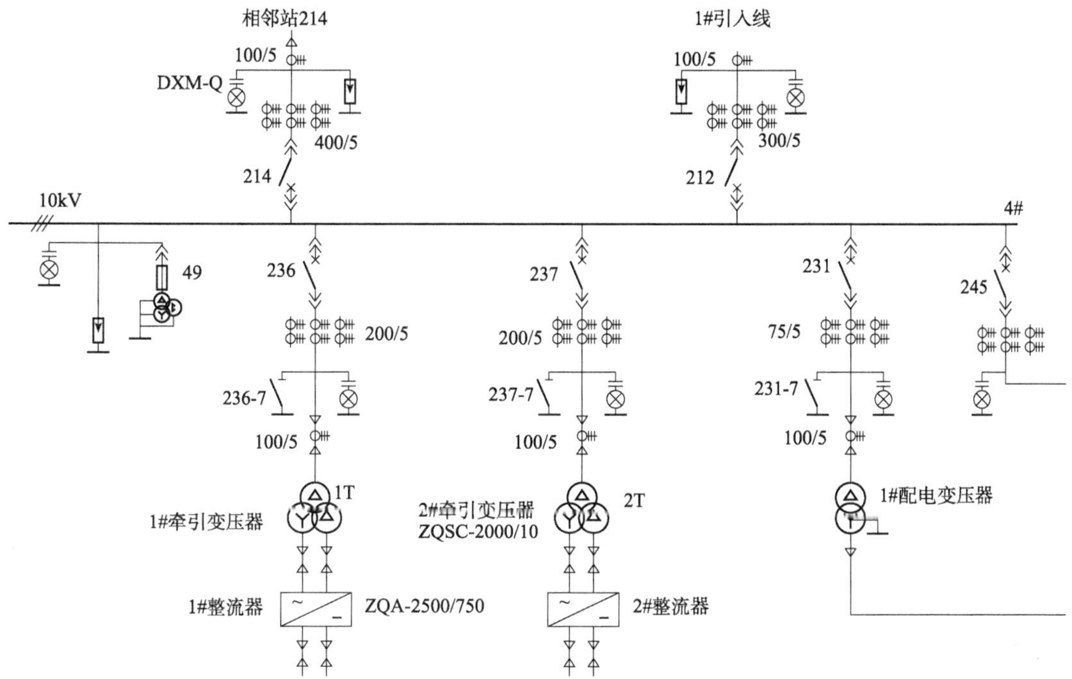

图 2-17　牵引站主接线

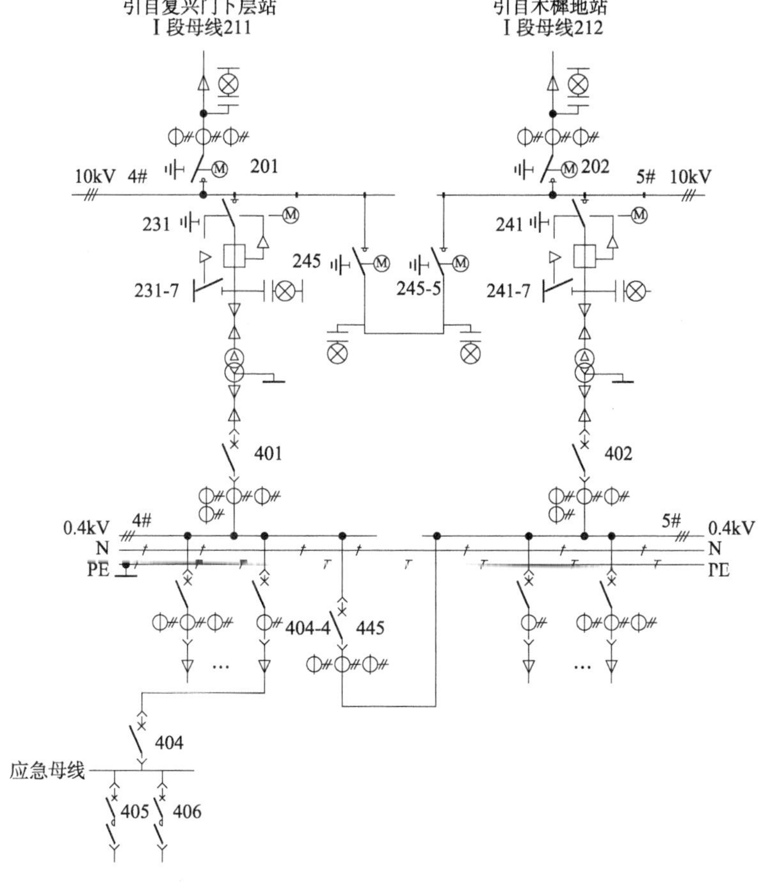

图 2-18　降压站主接线

同时具备牵引站及降压站功能的变电站,称为牵引降压混合变电站;同时具备电源站(开闭站)、牵引站、降压站的功能的变电站,称为电源牵引降压混合站。

课题四　城市轨道交通牵引变电所10kV系统调度编号

为统一图纸,方便调度管理,城轨供电系统主接线中的各电气设备都有统一的编号原则,具体编号原则如下。

一、母线的调度操作编号

(1)单母线分段时为4#母线和5#母线。

(2)母线编号方位顺序:面向电源,左侧母线为4#,右侧为5#。

二、断路器的调度编号

(1)10kV系统调度号字头为2。

进线开关为:01、02,如201为10kV的1路进线开关。

出线开关为:11、12、13,如211为10kV的4#母线上的馈出开关;

21、22、23,如221为10kV的5#母线上的馈出开关。

(2)母线联络开关。字头与各级电压的开关相同,后面两个数字为母线号。

如图2-19所示,10kV的4#和5#母线之间的联络开关为245。

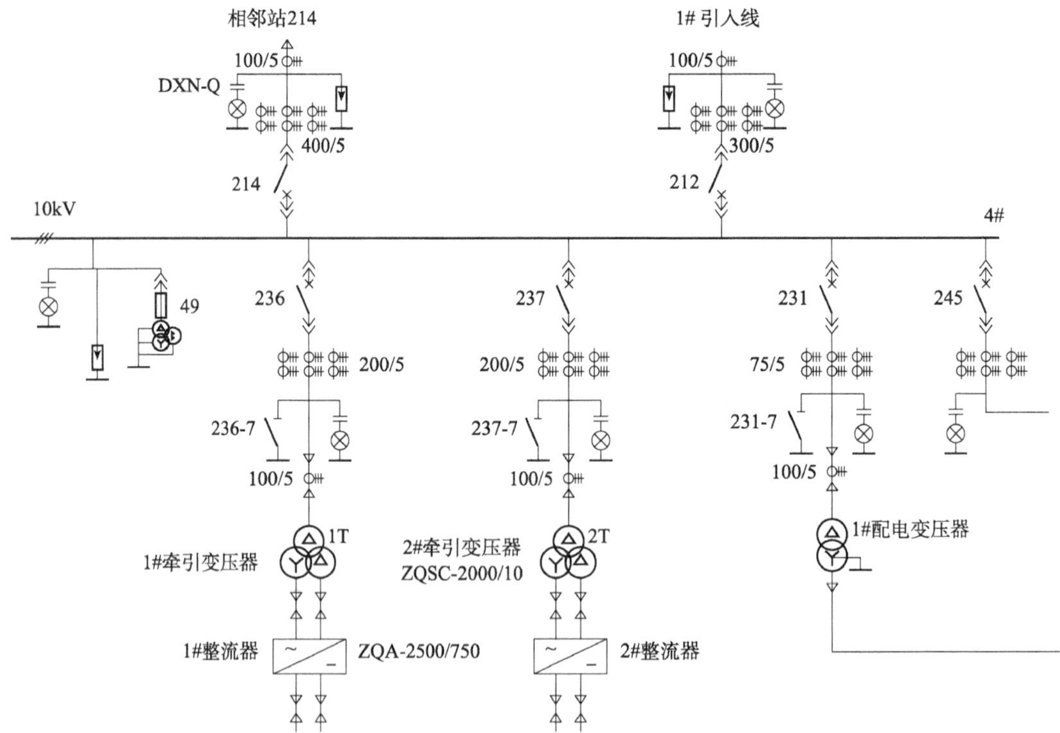

图2-19　10kV系统调度编号

三、隔离开关的调度操作编号

(1)线路侧为2,如201-2。

(2)母线侧随母线编号,如201-4。

(3)电压互感器隔离开关为9,前面加母线号或开关号。

如图2-19所示,49为4#母线上电压互感器隔离开关,201-9为201开关线路侧电压互感器隔离开关。

课题五　城市轨道交通牵引变电所10kV系统运行

任务一　认识城市轨道交通供电10kV系统的正常运行方式

10kV供电网络运行方式分为三种:正常运行方式、非正常运行方式、针对一些特殊情况下的应急运行方式。

城轨供电系统正常运行方式如下:

(1)城轨电源变电站10kV系统,牵引站、降压站的10kV系统为两路进线同时受电,各带一段母线分段运行,母联开关(或刀闸)处于热备用状态,备用电源自动投入装置投入运行。

(2)750V牵引供电系统为双整流机组投入运行,区间牵引网实行双边供电。

(3)380V系统由两台配电变压器供电,各带一段母线运行,母联开关处于热备用状态,备用电源自动投入装置投入运行。

(4)通信信号系统由两路电源供电,且两路电源的上级电源来自不同的10kV母线。

正常运行时,电源开闭站、牵引站、降压站10kV系统为两路进线同时受电,进线断路器合闸,各带一段母线负荷,母线分段断路器处在热备用状态,备用电源自投装置投入运行。给本站作备用电源的联络线断路器处于热备用状态,给其他站作备用电源的联络线断路器处于合闸状态,将电送至他站处于热备用状态的联络断路器电缆侧,以备进线电源发生事故时投入使用。

任务二　城市轨道交通供电10kV系统的正常运行

以电源站主接线(图2-16)为例,10kV系统各开关的位置如下:

正常运行时201-2、201-9、201-49、201-4工作位,201合,使10kV 4#母线受电,带211、212、213、216、210运行;202-2、202-9、202-59、202-5工作位,202合,使10kV 5#母线受电,带221、222、223、220运行;245-5工作位,245工作位分,备用电源自投装置投入运行。

以牵引站主接线(图2-17)为例,10kV系统各开关的位置如下:

正常运行时201-2、201-9、201-49、201-4工作位,201合,使10kV 4#母线受电,带231、212、运行;202-2、202-9、202-59、202-5工作位,202合,使10kV 5#母线受电,带221、242、246、247运行;245-5工作位,245工作位分,备用电源自投装置投入运行。

以降压站主接线(图2-18)为例,10kV系统各开关的位置如下:

201合,使10kV 4#母线受电,带231运行;202合,使10kV 5#母线受电,带241运行;245-5工作位,245工作位分。

课题六 城市轨道交通牵引变电所10kV系统不正常运行

任务一 认识城市轨道交通供电10kV系统的非正常运行方式

一、城轨供电系统非正常运行方式

(1)10kV系统为单路进线电源供电,并有一路联络电源备用。要求作为备用电源的联络电源开关处于热备用状态,电缆侧有电。

(2)750V牵引供电形成单台整流机组供电,或牵引网形成单边供电。

(3)380V系统由一台配电变压器供电带全站负荷运行,同时保持事故电源良好。

(4)通信、信号电源系统一路供电,或虽有两路电源,但两路电源的上级电源来自同一段10kV母线。

二、10kV系统非正常运行方式

10kV电源为单路进线供电,母线分段断路器投入,由一路电源带全站负荷,另有一路联络电源有电,联络断路器处于热备状态,一旦在用的进线电源发生事故,可以由联络电源供电。以牵引站主接线(图2-17)中2#进线电源故障停用举例如下:

202分,开关小车拉至试验位,202-2小车拉至试验位;201受电至10kV 4#母线,通过闭合的245母联开关使10kV 5#母线受电,带全站负荷运行;221工作位分,电缆侧带电作为备用电源,一旦201电源发生故障,可以尽快投入。

任务二 认识城市轨道交通供电10kV系统的应急运行方式

一、城轨供电系统的应急运行方式

(1)10kV系统由一路联络电源供电。

(2)750V牵引系统采用越区供电。

(3)380V动力照明系统无正常电源,只有事故电源供电或应急照明电源系统供电。

(4)通信、信号系统失去外供电源,采用自备用电源供电。

二、改变正常运行方式的规定

(1)需长时间改变正常运行方式时,由方式保护组编制,设备部审批。

(2)值班调度员遇特殊情况,需立即改变运行方式或在事故情况下应急处置需改变运行方式时,应充分考虑供电设备安全运行和确保城轨安全运营,并将改变的运行方式及时报电力调度所和设备部主管领导。

(3)除特殊情况外,一般不应在行车时间内改变供电系统的运行方式,如遇特殊情况改变运行方式时,应通知设备单位生产调度。

(4)改变运行方式前,变电值班员应熟悉此种情况下全站失压后的应急处置预案。运行方式改变后,值班员应根据电压质量通知有关单位控制负荷,并加强巡视,及时汇报运行中的异常情况。

（5）值班调度员在改变运行方式时，应首先保证照明负荷供电、牵引供电和其他与行车有关电源的供电。

单元思考题

1. 衡量电力系统电能质量的参数有哪些？
2. 电力系统中性点运行方式有几种，城轨供电系统采用哪种运行方式？
3. “一低，两高，三不变”是指什么，发生在哪种中性点运行方式下？
4. 发生单相接地故障时，哪种运行方式还可以继续坚持运行，运行多长时间？
5. 对变电所电气主接线有哪些要求？
6. 常用变电站主接线有几种类型，城轨牵引变电所主要采用哪种？
7. “双线双环”供电方式有什么优缺点？
8. 城轨变配电所有哪些种类？
9. 城轨牵引降压混合站的作用是什么？
10. 城轨电源牵引降压混合站的作用是什么？
11. 城轨 10kV 系统母线、断路器、隔离开关的调度号的编号原则分别是什么？
12. 城轨系统对各开关、母线进行编号的目的是什么？
13. 什么是城轨 10kV 系统的正常运行方式？
14. 如何改变系统的运行方式？
15. 城轨供电的非正常运行方式对机车运行是否有影响？
16. 改变正常运行方式时需要遵循哪些规定？

单元三　城市轨道交通牵引直流供电系统

【知识目标】

1. 掌握城轨牵引直流供电系统的组成；
2. 掌握城轨牵引直流供电系统各组成部分的作用；
3. 掌握城轨 24 脉波直流电的形成过程；
4. 掌握城轨牵引直流供电系统的电气主接线形式；
5. 掌握城轨牵引直流供电系统调度的编号原则；
6. 掌握城轨牵引直流供电系统的正常运行方式、非正常运行方式、应急运行方式；
7. 掌握城轨牵引直流供电一次设备的运行巡视和维护项目；
8. 了解城轨牵引直流保护系统的配置及控制要求。

【能力目标】

1. 能够画出城轨牵引供电系统示意图；
2. 能够理解三相桥式整流电路的工作原理；
3. 能够画出城轨牵引直流供电系统的电气主接线图；
4. 能够标出城轨牵引直流供电系统的调度编号；
5. 能够画出城轨牵引直流供电系统一次图；
6. 能够正确分析城轨供电系统的运行方式；
7. 能够对直流设备进行巡视检查以及清扫维护；
8. 能够判断设备的运行状况并作相应处置。

【素质目标】

1. 培养学生的分析问题、实操、理论联系实际的能力；
2. 在城轨供电系统作业中，培养学生安全、合作、遵章守纪的意识；
3. 在变电所的巡视维护中，培养学生善于观察、勤于思考的工作作风；
4. 通过对保护状态的了解，锻炼学生综合分析能力以及应对突发事件的心理素质。

课题一　城市轨道交通牵引供电系统整流系统

任务一　认识牵引变压整流机组

牵引整流机组是由牵引变压器和大功率整流器组成的。它的作用是将牵引变电站进线

10kV 交流电转换为 825V 的直流电，通过直流配电装置输送至三轨，供城轨电动客车使用。它的图形符号如图 3-1 所示。

整流柜是一种直流侧电压不可调（需要调节时可调牵引变压器分接头）的大功率整流器，它由主回路系统和保护控制系统两部分组成。主回路是由硅整流管构成的三相桥式整流电路，如图 3-2 所示。保护控制系统包括抑制过电压的操作过电压保护、静电过电压保护、换相过电压保护，防止设备过流损坏的机组过流保护、硅整流管过流保护，防止硅整流管过热损坏的硅整流管冷却系统，故障硅整流管检测系统，工作状态显示和异常情况报警等。由于它具有完善的保护，可靠度较高。

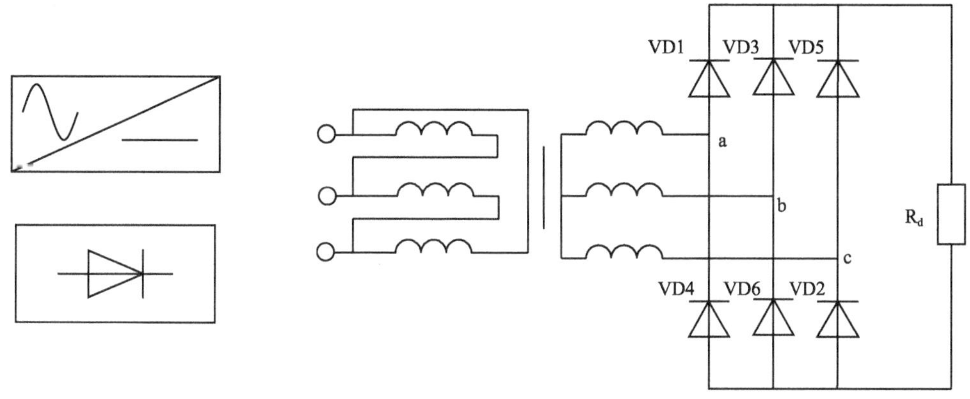

图 3-1　牵引整流机组图形符号　　图 3-2　三相桥式整流电路

以北京变压器厂生产的 GQA-2500/750 型整流柜为例，此型整流柜使用的是 ZP-2000/30 硅整流管（平板型），每个桥臂为一串二并结构，双三相桥式整流，全柜共用 24 个硅整流管。硅元件串联 2800A 快速熔断器。硅元件故障检测用熔断信号器配合可编程序控制器（PLC）构成的检测回路。硅元件配用热管型散热器，空气自然冷却。

任务二　学习 24 脉波整流

城轨所用的直流电是经过三相桥式整流电路整流得到的，如图 3-3 所示为城轨牵引供电系统。

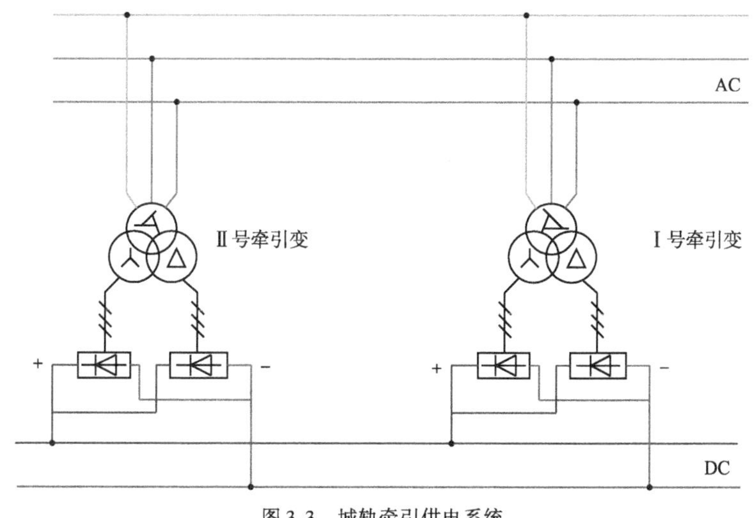

图 3-3　城轨牵引供电系统

其中两台牵引变压器原边各移相 7.5°,即相位相差 15°。每组牵引整流机组经过整流后都形成 12 脉波的直流电,如图 3-4 所示,经两组牵引整流机组后获得 24 脉波的直流电。

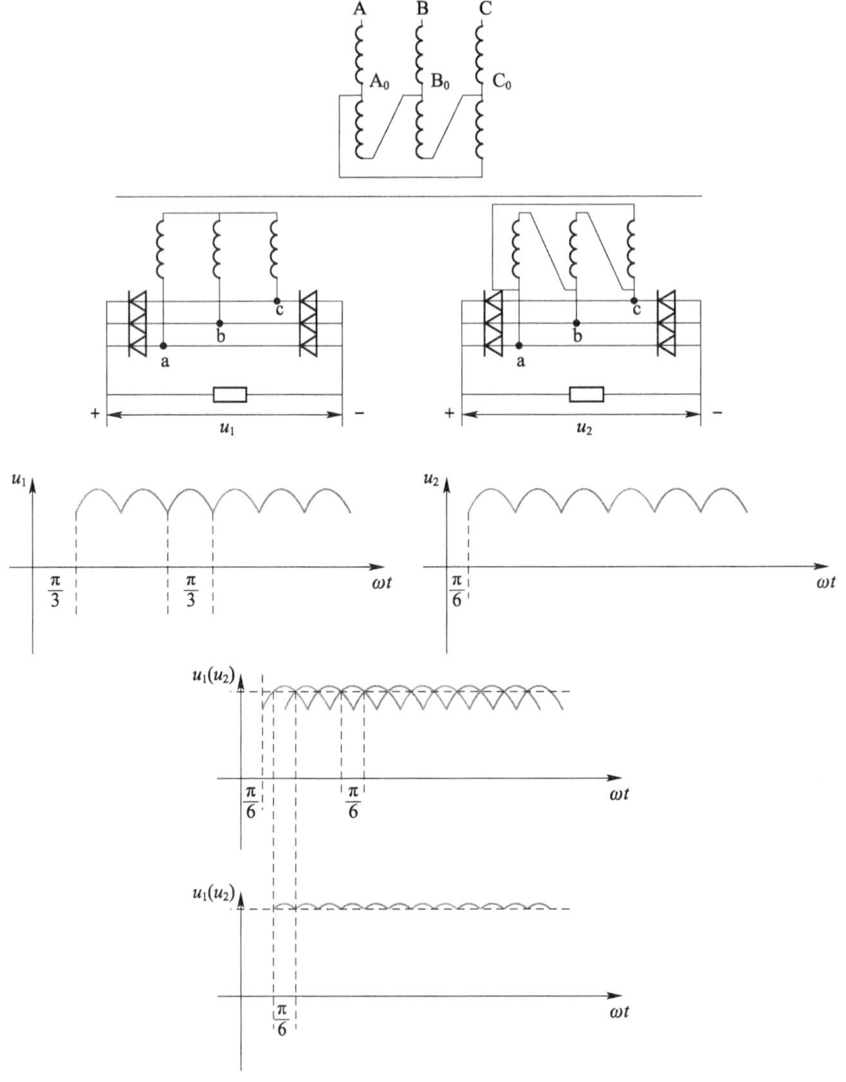

图 3-4　一组牵引整流机组整流后得到 12 脉波波形图

课题二　城市轨道交通牵引直流供电系统电气主接线

任务一　认识城市轨道交通牵引直流供电系统电气主接线

750V 直流供电系统是由牵引变压器、整流柜、直流快速开关与牵引网构成的。牵引变压器和整流装置整体称为整流机组,整流机组通过总闸给 750V 正母线供电,通过 65、75 刀闸给负母线供电。正电源通过分闸给接触轨供电,负电源通过回流箱接至走行轨。机车从接触轨受电,通过牵引电动机后,由走行轨回流至 750V 负母线。750V 接触轨是分段供电的,每段称为一个供电区间,一个供电区间的接触轨都由相邻两个变电站双边同时供电。全线路的负极电源是不分段的,也就是说,各个变电站的负极是连在一起的,如图 3-5 所示。

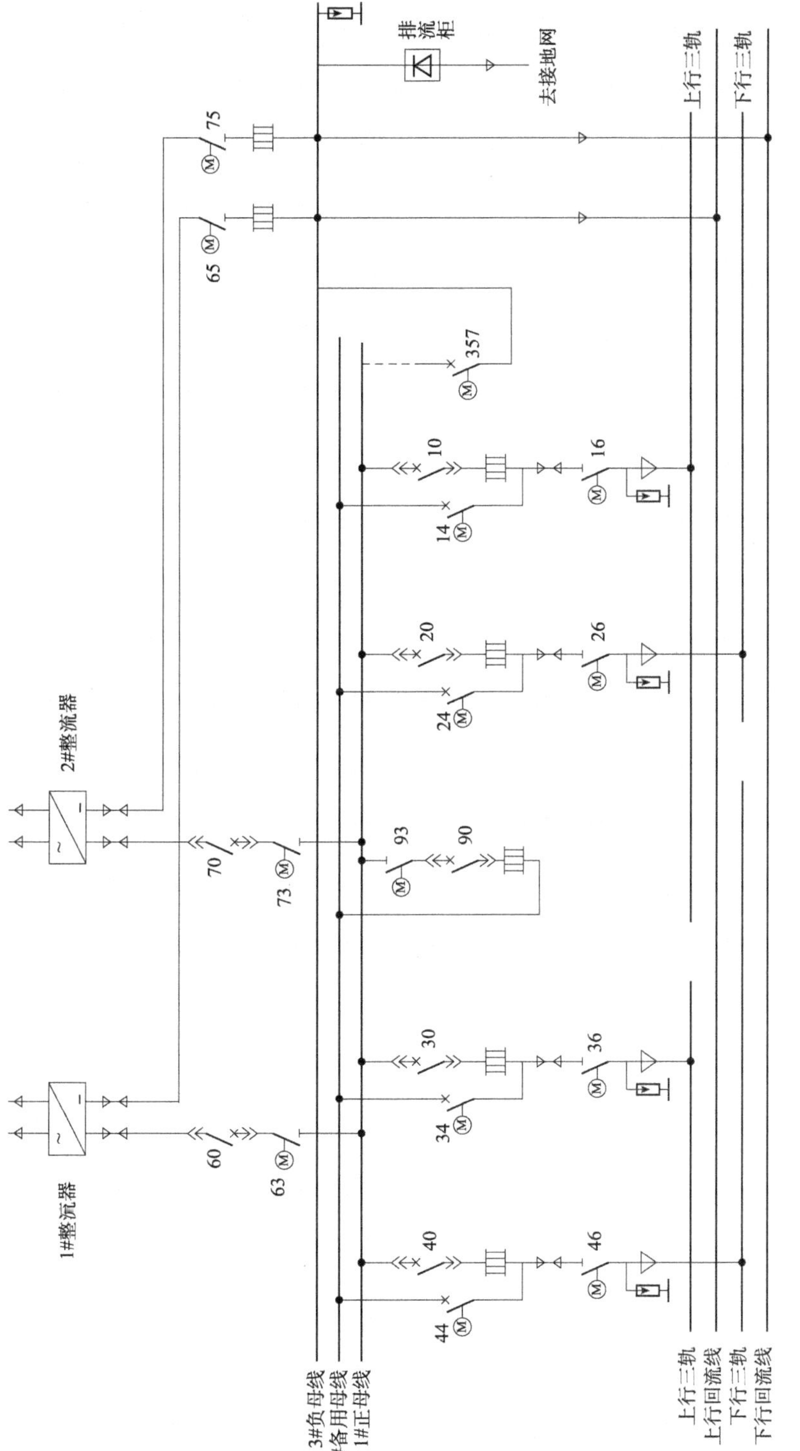

图 3-5　城轨牵引直流供电系统直流部分接线

任务二　学习城市轨道交通牵引直流供电系统调度编号规则

750V 直流供电系统的电气开关设备同 10kV 系统一样，也有统一的调度编号。

如图 3-5 所示，主要开关调度号及对应的名称如下：

63、73：正母线刀闸；

60、70：总闸开关；

10、20、30、40：分闸开关；

90：备用开关；

14、24、34、44：旁路电隔；

16、26、36、46：隧道柜，也叫上网柜，部分城轨线路将该柜配置在变电室内，称为直流配电柜；

65、75：负极柜。

直流 750V 系统的主接线采用的是单母线加旁路母线的接线方式，当 10、20、30、40 断路器中任何一个发生故障不能合闸时，可以通过与其对应的电动隔离开关 14、24、34、44 和备用断路器 90 替代其向馈出线供电，提高了供电的可靠性。

课题三　城市轨道交通牵引直流供电系统运行

任务一　认识城市轨道交通牵引直流供电系统运行方式

城轨牵引直流供电系统采用双母线供电方式，设直流工作母线和直流旁路母线。直流系统与整流器之间，正极间连接为直流快速断路器，负极间为电动隔离开关。直流母线上设置四路馈出线，分别向上、下行牵引网供电。馈线开关采用直流快速断路器，并设旁路直流母线以及旁路电动隔离开关。在直流工作母线和直流旁路母线之间，设直流快速断路器，作为旁路开关（备用开关）。负极柜内设两台电动隔离开关，并和整流器连接。在直流负极和走行轨之间，直接通过电缆连接。

一、双机组运行方式

牵引直流供电系统在正常供电状态时，采用两台整流机组以并列运行方式同时向直流正母线供电。每个牵引变电所内，并列运行的两台整流变压器原边绕组分别移相 $+7.5°$ 和 $-7.5°$，双机组构成等效 24 脉波整流，以满足列车运行和治理谐波的需要。

在双机组运行方式状态，供电系统的直流快速断路器和电动隔离开关状态如下：

（1）总闸柜断路器 60、70 和电动隔离开关 63、73 均合闸，整流柜正极向直流正母线供电。

（2）负极柜电动隔离开关 65、75 均合闸，电流回到整流柜负极。

（3）分闸柜断路器 10、30 均合闸，分别向上行接触轨分段供电。

（4）分闸柜断路器 20、40 均合闸，分别向下行接触轨分段供电。

直流供电系统的主接线采用的是单母线加旁路母线的接线方式，当 10、20、30、40 断路器中任何一个发生故障不能合闸时，可以通过与其对应的电动隔离开关 14、24、34、44 和备用断路器 90 替代其向馈出线供电，提高了供电的可靠性。直流系统供电一次图（部分）如图 3-6 所示。

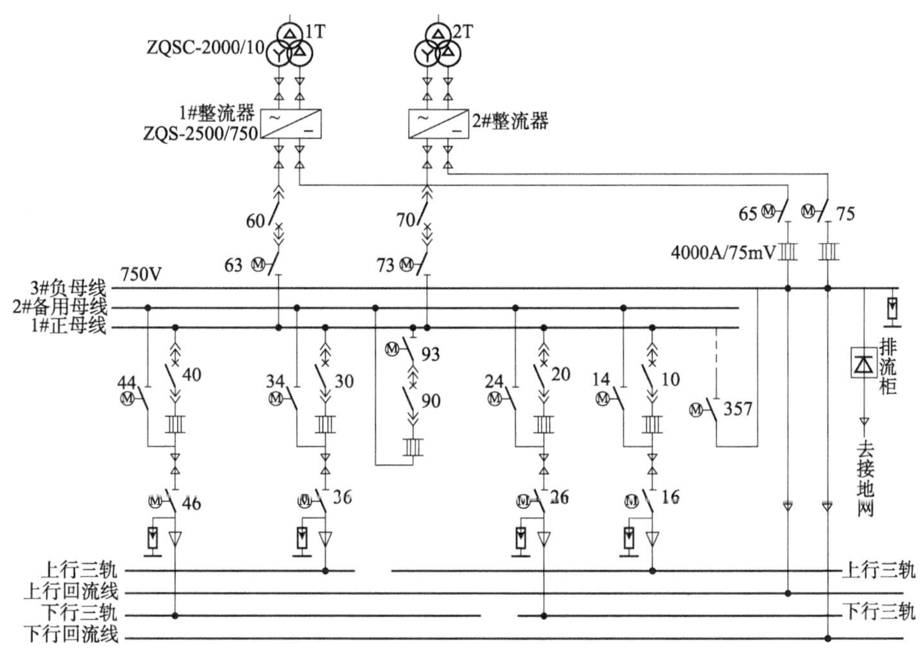

图 3-6　直流系统供电一次图(部分)

二、单机组运行方式

当一台牵引整流机组故障时,由另一套牵引整流机组在过负荷、谐波含量允许以及不影响故障牵引整流机组检修的情况下,继续给列车提供直流电源。单机组运行方式属于非正常供电运行状态。

在一天的运行中,除高峰小时以外的其他时间,在以下两个条件满足的情况下,可以采用单机组运行方式:

(1)牵引负荷不能大于单机组允许的过负荷能力。

(2)单机组的 12 脉波整流所产生的谐波能与供电系统中的其他用户电磁兼容,并满足谐波治理的规定。

三、应急运行方式

如果相邻的两个牵引变电站发生严重故障(如全站失压)不能向接触轨供电时,这两个故障变电站之间的牵引区间就会失去供电,继而造成全线路停止运行。此时可以采取应急方式,通过纵联柜或故障牵引变电站的直流 750V 母线,将邻近有电接触轨的电送到无电的牵引区间,这种方式称为越区供电。

只有一个牵引变电站发生故障或因检修等原因需要退出运行时,可以采用大双边供电方式:将需要退出的变电站的 10、20、30、40、14、24、34、44、16、26、36、46 开关分断,将左邻站的 30、40(右邻站为 10、20 未画出)、34、44(右邻站为 14、24)开关分断,然后合故障变电站的纵联柜 813、824,然后再合左邻站的 30、40(右邻站为 10、20 未画出),形成大双边供电如图 3-7所示。对这个大供电区间进行双边供电的两个对应断路器之间必须有联跳关系,在一线和环线,这种联跳关系是通过退出变电站的继电器的常开接点传接的。因此,不得断开这些继电器的控制电源,否则,联跳关系会中断,在牵引网系统有短路时会造成事故。

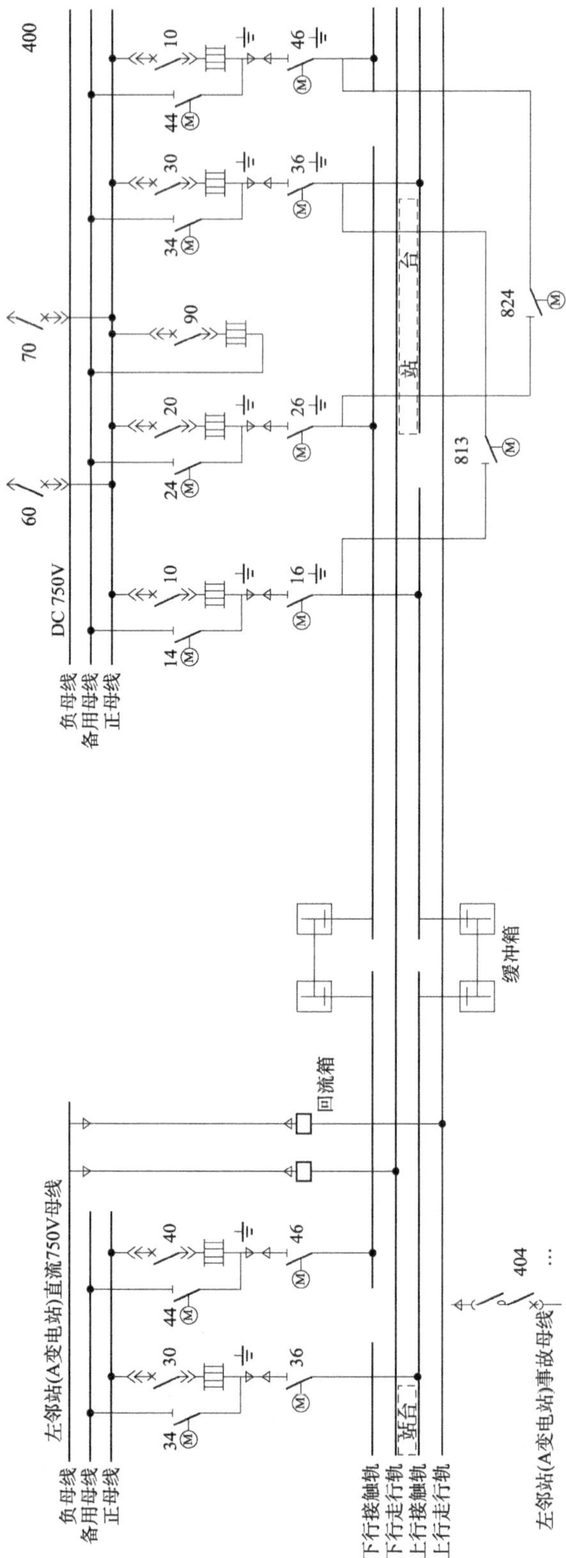

图 3-7　牵引降压变电站一次系统（含左邻站部分）

由于车辆段车场的牵引网系统是单边供电的，在应急情况下，可通过车场与运行线路之间的联络刀闸柜向车场实行越区供电。

在进行越区供电的倒闸操作中，要注意连锁关系，防止因不满足连锁关系而造成的开关拒合，同时防止带负荷拉合刀闸。

任务二　城市轨道交通牵引直流供电系统运行巡视及维护

城轨牵引直流供电系统电力设备的运行操作和维护管理关系到城轨车辆安全稳定运行，运行设备按要求定期巡视检查和清扫维护是工作人员保证其安全稳定运行的重要工作内容。设备的巡视检查到位，危险点的预控分析到位，就可以有效地预防设备事故和人身伤亡事故。

城轨直流设备的主要运行巡视以及停电清扫维护项目主要在本节进行学习。

一、牵引直流系统运行巡视

1. 牵引变压器的巡视

(1)检查变压器电压、电流、温度，根据负荷情况确认温度是否正常。

(2)检查变压器运行时声音正常，无异常气味。

(3)通过视窗检查变压器的线圈、铁芯的外观，查看线圈有无损伤、变形、变色和异常发热现象。

(4)通过视窗检查变压器的分接开关一、二次电缆、接线端子和母排有无过热、电镀层亮度发暗现象，各绝缘部分有无放电痕迹。

(5)温度传感器引线固定是否良好。

(6)防火封堵和防小动物设施是否良好。

(7)当变压器运行时，内部有较高且沉重的“嗡嗡”声，可能是过负荷运行，由于电流大，铁芯振动增大引起，一定要加强监视。

(8)变压器内部有尖细的“哼哼”声，可能是系统中有铁磁谐振，系统中有一相断线或单相接地。

(9)当负荷突变时，变压器内部有“叮叮”声，可能是内部个别零件松动。轻负荷时，某些离开叠层的硅钢片振动发出“嘤嘤”声。

图3-8与图3-9为某城轨变电站牵引变压器实物图。

图3-8　牵变外观

图3-9　牵变内布局

2.整流柜的巡视

(1)有人值班至少每班巡视两次，无人值班每天巡视不少于一次。

(2)整流柜的指示灯、表计读数应正确，报警（投入/解除）开关应在投入位。

(3)整流柜内应无异常声响、异常气味，无冒烟。

(4)整流柜外壳底部绝缘板应无破损。

(5)绝缘部件、硅元件、电阻、电容、保险、各部件连接线、继电器外壳、端子排、母排、散热片、PLC 装置，应完整无损。

(6)检查主回路各连接部位、绝缘部件、压敏电阻、保险，接触应牢固，无过热现象，无断线、无裂纹、无破损。

(7)插接件、端子排等应无断裂变形，螺栓连接的导线应无松动，焊接连接的导线应无脱焊、碰壳、短路，印刷线路板应洁净、无腐蚀，整流元件固定在散热器上应无松动。

(8)接通二次回路电源，通断声光信号应正确，PLC 控制操作回路应正常。

(9)如遇下列情况安排特殊巡视：

①新设备、长期停运或维修后投入运行。

②设备发生重大事故，经处理恢复送电后。

③运行中的可疑现象和严重缺陷。

图 3-10 和图 3-11 所示为某城轨变电站整流柜外观及内布局。

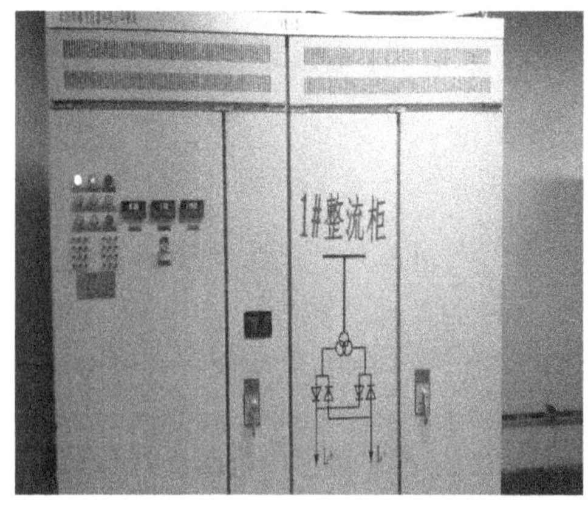

图 3-10　整流柜外观

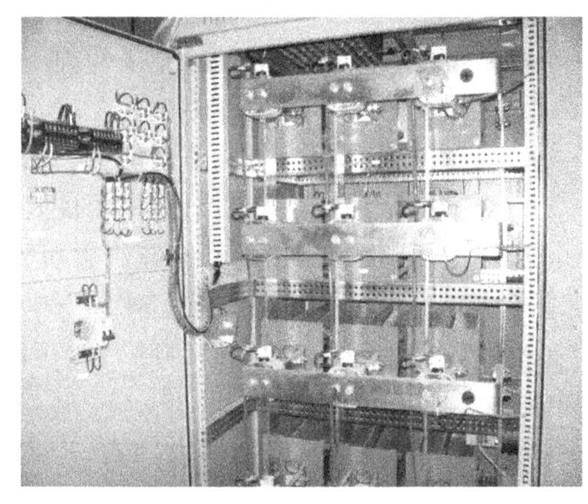

图 3-11　整流柜内布局

3.开关柜（总闸柜和分闸柜）的巡视

(1)根据运行状态方式，检查保护压板和指示灯是否正确。

(2)检查开关柜总闸开关，正、负母线刀闸，分闸开关、旁路电隔的位置指示灯，保护压板与一次系统运行方式相符。

(3)检查控制保护、操作二次电源是否正常，“远方/就地”方式开关是否在指定位置。

(4)检查 750V 电压是否在正常电压范围之内，在列车进出站时分闸开关柜电流是否有变化。

(5)检查直流保护模块 DPU96 的电源指示灯是否能点亮，液晶屏背景灯是否能正常点亮，报警等有无告警指示，通信指示灯是否闪烁，状态指示灯设备运行状态是否相符。

图 3-12 与图 3-13 所示为某城轨变电站总闸柜及分闸柜实物。

图 3-12　总闸柜

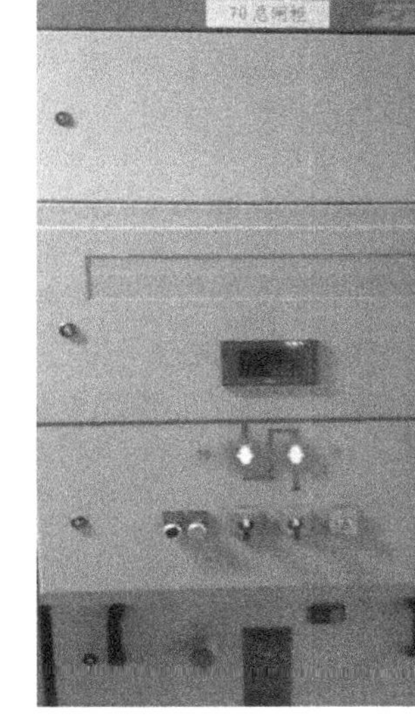

图 3-13　分闸柜

二、开关柜停电操作及清扫维护

1. 开关柜停电操作

(1)将转换开关打至就地位。

(2)断开二次开关,解下航空插头。

(3)将 750V 开关拉至柜外。

2. 开关柜清扫维护

(1)对开关本体进行清扫,擦拭。

(2)对开关触头进行检查,有无烧毁、变色、断裂,适当涂抹导电膏。

(3)检查二次接线及航插,有无断线、松动、退针,进行螺钉紧固处理。

(4)打开灭弧室,检查触头有无烧毁及物理损伤,消弧格栅、引弧极有无烧毁损伤并进行处理。

(5)检查二次元件是否完好,有无过热情况。

(6)检查开关本体有无变形,转动部位是否正常,适当涂抹润滑油。

(7)检查带线检回路开关的线检保险及相关设备是否完好。

(8)记录本体大电流脱扣次数及开关本体相关参数。

(9)直流设备清扫维护完毕后,传动开关时与 PSCADA(电力监控)系统核对位置信号是否一致。

3. 电动隔离开关柜停电清扫

(1)对电缆头固定螺丝的进行清尘、紧固。(看颜色有无变化、烧毁程度)

(2)对各二次元件进行检查、紧固和尘土的清扫。

(3)对母排固定螺丝的进行紧固和尘土的清扫。

(4)二次接线的进行检查、紧固和尘土的清扫。

(5)检查、紧固电动隔离开关电机的接线,检查相关转动部位的尘土清扫情况。

(6)对电动隔离开关柜内外进行全面检查,清点工具及杂物,无问题后将电动隔离开关柜的柜门关闭(并将本柜的操作电源送上)。

(7)750V 设备全部送电完毕后,检查 750V 开关、电动隔离开关柜无异常音响或气味,设备运行正常,此项工作终结。

任务三　城市轨道交通牵引直流系统保护配置及控制要求*

城轨牵引直流保护系统的主要任务是在直流系统出现各种不同类型故障下,快速、可靠地切除故障,保护直流设备,将故障和异常运行方式对牵引网的影响限制到最小范围。在城轨直流保护系统中,保护类别多样,掌握了保护配置及控制相关要求,才能正确进行倒闸操作以及日常巡视维护,从而保证直流供电系统的稳定、可靠运行。本节对直流系统主要设备的保护配置及控制要求做概括性介绍。牵引变电所主接线如图 3-14 所示。

一、总闸柜进线断路器

(1)相应的正极隔离开关处于合闸位置时,正极进线断路器才能合闸。

(2)负极隔离开关电磁锁解锁、框架泄漏保护动作、相应交流机组 10kV 馈线开关动作时,联跳并闭锁正极进线断路器。

(3)断路器出现闭锁信号后,确认故障已消失的条件下,可就地按面板前复位按钮对装置进行复位。

二、总闸柜进线电动隔离开关

相应的正极进线直流断路器处于分闸位置时,本柜进线隔离开关才能合分闸操作。

三、分闸柜馈线断路器

(1)相应的旁路隔离开关都处于分闸位置,馈线断路器才能合闸。

(2)框架保护(电流、电压元件动作)动作、断路器本体及综控室 IBP 盘按钮紧急分闸,跳闸并闭锁断路器。

(3)电量(过负荷,增量)保护动作,联跳相邻站断路器。

(4)断路器出现闭锁信号后,确认故障已消失的条件下,可就地按面板前复位按钮对装置进行复位。

(5)当一路进线断路器处于分闸状态,另一路进线断路器跳闸时,联跳并闭锁所有分闸柜内的馈线断路器。

四、分闸柜旁路电动隔离开关

相应的直流馈线断路器、其他旁路隔离开关、备用断路器都处于分闸位置时,本柜隔离开关才能进行分合闸操作。

五、备用柜备用断路器

(1)备用断路器在合闸位置,闭锁所有直流旁路隔离开关分合闸操作。

(2)框架保护(电流、电压元件动作)动作、任意馈线断路器或综控室 IBP 盘按钮紧急分闸,跳闸并闭锁备用断路器。

(3)如备用柜代替任一分闸柜运行时,相应的联跳与控制关系自动转换。

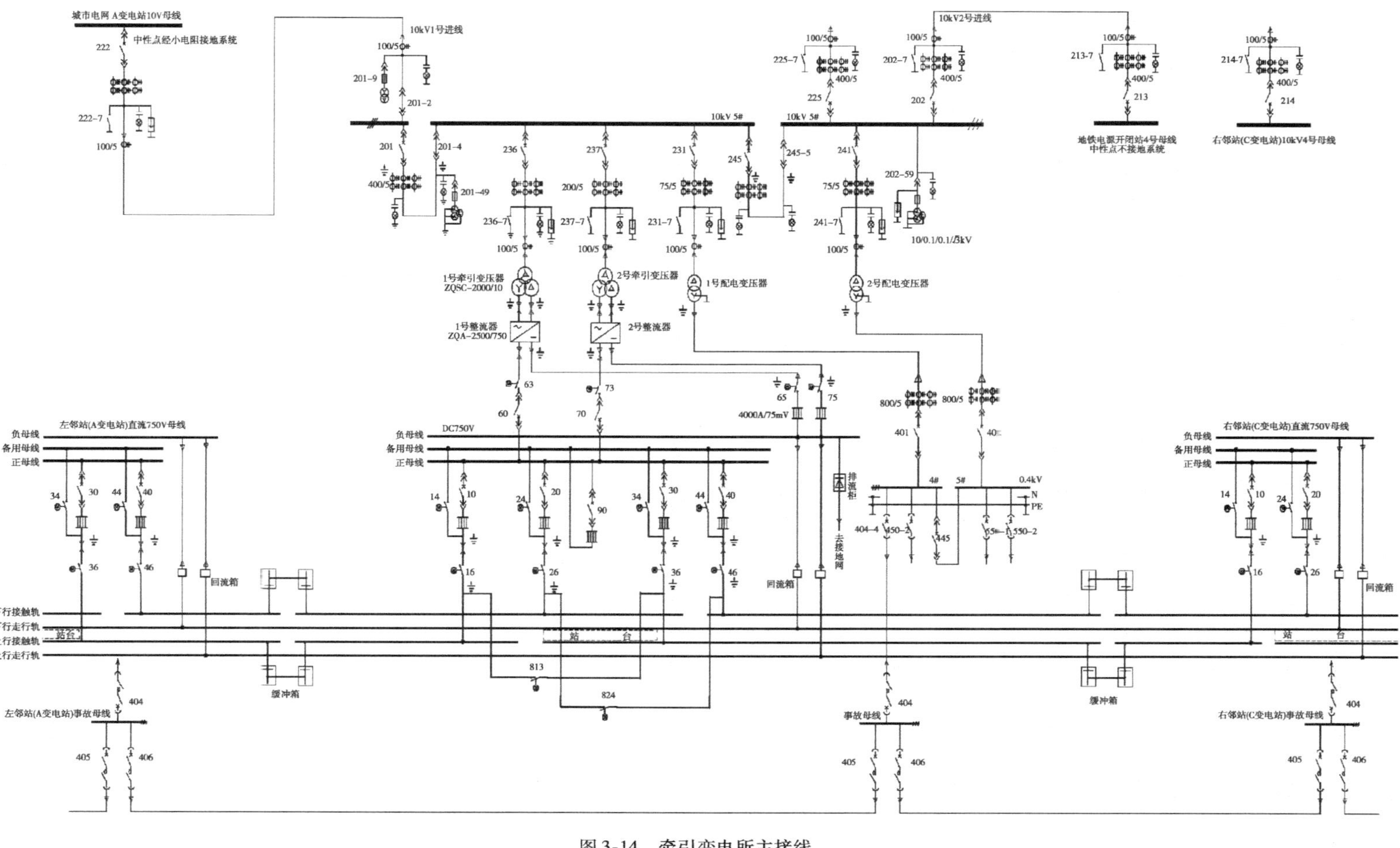

图3-14 牵引变电所主接线

(4)断路器出现闭锁信号后，确认故障已消失的条件下，可就地按面板前复位按钮对装置进行复位。

六、负极柜电动隔离开关

(1)正极隔离开关处于分位时，负极隔离开关才能操作。

(2)框架泄漏保护(电流与电压)安装在负极柜，框架保护动作后跳闸，并闭锁本站所有直流断路器与10kV机组开关；电压元件动作不联跳邻站馈线断路器，电流元件动作联跳邻站馈线断路器。

(3)电流元件动作：需现场复位电流继电器，同时按下负极柜上复位按钮，然后就地或远方复位所有分闸柜。

(4)电压元件动作：如故障信号已消失，需现场按下负极柜上复位按钮，然后就地或远方复位所有分闸柜。

七、直流配电柜上网隔离开关

相应的直流馈线断路器、旁路隔离开关、纵联隔离都处于分闸位置时，本柜上网隔离开关才能合闸。

八、直流配电柜越区隔离开关

本所相应供电区间的两个相应的上网柜隔离开关都处于分闸位置，且左右相邻两侧供电臂上无压时，本柜隔离开关才能分合闸操作。

当大双边供电时，通过越区隔离开关的辅助接点自动实现大双边联跳关系的转换。

九、端子柜

(1)上网隔离开关、越区隔离开关的状态显示与控制在端子柜实现。

(2)所有与外部连接的信号从端子柜引入/引出。

(3)综控室IBP盘紧急分闸信号引至端子柜，通过端子柜引出电缆联跳馈线柜及邻站断路器。

十、分闸柜联跳方式

(1)分闸柜由于电流保护动作时，如联跳与自动重合闸功能投入则发出联跳信号，并启动重合闸过程；联跳输出信号在断路器重合闸成功后消失，否则一直保持。

(2)分闸柜由于邻站联跳信号而跳闸，在设定时间内如联跳信号不消失，不启动自动重合；设定时间内联跳信号消失，则启动自动重合闸功能。如超过这一时间，可就地或远方进行合闸操作，但不启动自动重合闸。

(3)框架泄漏保护或综控室IBP盘按钮紧急分闸时，联跳并闭锁本站所有直流断路器与10kV机组开关；联跳相应邻站馈线断路器，但不启动重合闸，也不闭锁。

十一、线路测试

馈线断路器合闸前需经过线路测试，以防止合到故障线路，线路测试次数可设定；若线路测试不通过，断路器报闭锁信号，可就地按复位按钮复位。

单元思考题

1. 牵引整流机组由哪几部分组成,各部分的作用是什么?
2. 整流柜的主要组成是什么?
3. 24 脉波的直流电是如何形成的?
4. 画出城轨 750V 直流供电系统的电气主接线图。
5. 标出城轨 750V 直流供电系统的调度编号。

单元四　城市轨道交通牵引供电牵引网

【知识目标】

1. 了解城轨牵引网的特点；
2. 掌握城轨牵引网的分类与组成；
3. 了解城轨牵引供电接触轨的结构与分类；
4. 掌握城轨牵引供电接触轨的供电方式；
5. 了解架空接触网的分类；
6. 掌握架空接触网的供电制式。

【能力目标】

1. 能够正确认识城轨牵引网的系统组成；
2. 能够正确理解城轨牵引网的分类与各自特点；
3. 能够正确理解城轨牵引网的作用；
4. 能够正确判断接触轨的供电回路与供电方式；
5. 能够正确认识接触轨供电的结构组成；
6. 能够正确理解架空接触网的分类及特点；
7. 能够正确认识架空接触网的结构组成。

【素质目标】

1. 在学习城轨牵引网特点的过程中，培养学生的安全作业意识；
2. 从轨道交通供电的高可靠性和稳定性，培养学生的敬业精神；
3. 通过接触轨分类的学习，培养学生信息化检索的能力；
4. 通过接触轨电流回路的学习，培养学生安全意识；
5. 通过接触网分类的学习，培养学生自我学习的能力和探索精神；
6. 通过互动学习，培养学生正确表述、沟通交流的能力。

课题一　城市轨道交通供电牵引网的分类及组成

任务一　认识城市轨道交通供电牵引网的分类

城轨供电牵引网是包括接触网、钢轨回路（包括大地）、馈电线和回流线的一个大的范畴，它是轨道交通供电系统中向电力机车（电动车组）供电的直接环节。

一、城市轨道交通供电牵引网的分类

牵引网是城轨供电牵引系统的主要组成部分,沿线路架设在轨道的上方(或边上),用来向电动列车供电。电动列车通过受电弓(或集电靴)从牵引接触网获取电能。接触网的稳定可靠性对电动列车的运行起着重要的作用。

目前,城轨系统的牵引接触网主要分为接触轨式(又称第三轨)和架空接触网两种基本形式。

二、城市轨道交通供电牵引网的组成

1.接触轨式牵引网的组成

接触轨式牵引网由馈出线、直流配电柜(隧道柜)、接触轨(接触网)、缓冲箱、走行轨、均流电缆、均流箱、回流箱和回流线等组成。

正电源由750V正母线出发,经10、20、30、40断路器,馈出电缆,接到直流配电柜。直流配电柜大多安装在隧道内,故也称隧道柜或上网柜。直流配电柜内装设了一台750V单极隔离开关,它通过电缆,一端连接牵引变电站馈出开关,另一端通过电缆接至接触轨。电缆连接处的接触轨底部焊有一块电缆连接板,俗称三轨连接板。为了防止列车受流器经过时的振动,引起连接螺栓的松动,与三轨连接板连接的电缆使用没有铠装的、比较柔软的电缆。

直流配电柜的作用是作为明显断开点隔离电源。在变电所故障或停电检修,或线路接触轨检修时拉开它,可以起到隔离电源的作用。它的内部还设置了接触轨有电压监视回路,用于监视接触轨是否带电。

接触轨,俗称第三轨,是金属轨条的刚性导体,接电源的正极。安装在走行轨的一侧,用于给行进中的电动列车供电。接触轨轨面比走行轨轨面高(140±6)mm,轨面中心与相邻走行轨内侧面之间的距离是(700±8)mm。图4-1和图4-2所示为送电到电轨及三轨供电的情况。

图4-1　送电到三轨

图4-2　三轨供电

由于接触轨轨面比走行轨高,在道岔、隔断门等处需要将接触轨断开,并要用电缆将断开的接触轨连起来。与接触轨连接的电缆截面较小,跨越隧道顶部的电缆截面较大,这就需要一种电缆对接箱,称作缓冲箱。缓冲箱内部设有绝缘子支持的母排,电缆在母排上进行电气连接。缓冲箱一般固定在区间道岔或隔断门处的隧道壁上,车场和地面线路的缓冲箱则安装在接触轨旁边。

每个供电区间的正极电源都是相互绝缘的，所以接触轨也是分段的，这一供电区间与另一供电区间的接触轨之间需要设置断电区。断电区一般设置在列车进站方向的站台口，在这个地点，电客车车已经停止牵引，受流器脱离接触轨时电弧比较小。

北京城轨采用走行轨回流，电流由牵引电机流出后，通过车轮与走行轨接触，在牵引变电站附近通过回流电缆引至回流箱，然后通过电缆接到负母线。回流箱的构造与缓冲箱大致相同，主要用于负极电缆的对接。

为了充分利用走行轨的导电作用，均衡回流电流，在区间每间隔 400 ~ 600m 用电缆将上下行的走行轨连接一下，这种措施叫做均流，相应的电缆和连接箱称做均流电缆和均流箱。

2. 接触网式牵引网的组成

接触网是一种悬挂在轨道上方沿轨道敷设的、和铁路轨顶保持一定距离的输电网。通过电力机车（电动车组）的受电弓（或受流器）和接触网的滑动接触，牵引电能就由接触网进入电力机车（电动车组），驱动牵引电动机使列车运行，如图 4-3 ~ 图 4-5 所示。

图 4-3　机车下方受流器得电

图 4-4　走行轨回流

图 4-5　架空接触网供电

馈电线是连接牵引变电所和接触网的导线，它把经牵引变电所变换成合乎牵引制式用的电能馈送给接触网。

轨道在非电牵引情形下只作为列车的导轨。在电力牵引时，轨道除仍具有导轨功能外，还需要完成导通回流的任务。因此，电力牵引的轨道还需要具有畅通导电的性能。

回流线是连接轨道和牵引变电所的导线，通过回流线把轨道中的回路电流导入牵引变电所。

任务二　学习城市轨道交通供电牵引网的作用及特点

一、城市轨道交通供电牵引网的作用

城轨供电牵引网的作用是给行进中的电动客车供电。城轨供电牵引网主要由接触网和回流网组成。对于架空接触网和接触轨两种牵引供电方式，按照 IEC 和我国规程规定，城轨接触轨的标准额定电压为直流 750V，允许电压波动范围为 500 ~ 900V；架空接触网的额定电压为直流 1500V，允许电压波动范围为 1000 ~ 1800V。

二、城市轨道交通供电牵引网的特点

1. 运行可靠性要求高,无备用

城轨牵引供电负荷属于一级重要负荷,各牵引变电所进线均设置两个回路电源进线,牵引变电所内主变压器及其他重要电气设备都设置备用措施。当变电所内部分设备发生故障时,备用电源与备用设备及时自动投入运行,保证对接触网不间断供电,运行可靠性高。而接触网与走行轨道平行架设,且与电动列车在空间上的对应关系,造成接触网和轨道一样无法采取备用措施。一旦接触网发生故障,整个供电区间可能全部失电,电动列车失去电能供应,造成停运,影响城市交通的正常运行。

2. 动态运行,受电环境特殊

一般的电力线路在两固定地点静态传输电能,而接触网传输电能的形式与之有很大区别。在接触网下(或旁边),沿线电动列车运动中从接触网取流,接触网受点时间与地点也处于动态变化之中,电动列车受电弓(或集电靴)以一定的压力和速度与接触网摩擦运行,通过接触网的电流很大。运行中不可避免地会产生受电弓离线而引起电弧,在露天区段还要承受风、雾、雨、雪及大气污染的作用,使接触网昼夜不停地处在振动、摩擦、电弧、污染、伸缩的动态运行状态之中。这些因素造成接触网受电环境特殊,对接触网各种线索、零件都产生恶劣影响,使其发生故障的可能性较一般电力线路的概率要大得多。

3. 结构复杂,技术要求高

接触网的静态的设备与动态的运行环境和运行特点造成接触网的结构与一般电力线路明显不同。为了保证轨道车辆的安全、稳定、可靠地运行,保证接触网向电动列车高质量地受流,接触网的结构往往比较复杂,技术要求也较高。对接触网导线的高度、接触网的弹性、均匀度等都有一定的要求。

课题二　城市轨道交通牵引供电接触轨供电方式

任务一　认识城市轨道交通牵引供电接触轨

接触轨是沿线路敷设的与轨道平行的附加轨,又称为第三轨,其功用与架空接触网一样,通过它将电能输送给电动车组。不同点在于:接触轨是敷设在铁路旁的钢轨。电动车组由伸出的取流靴与之接触而接受电能。

一、接触轨的组成

在接触轨系统零部件中,除作为导电轨的接触轨以外,还包括绝缘支架(或绝缘子)、防护罩、隔离开关设备、电缆等。接触轨、绝缘支架(或绝缘子)、防护罩是接触轨系统中送电、支撑、防护的三大件,如图 4-6 所示。

二、接触轨的分类

接触轨按与受流靴(集电靴)的摩擦方式不同,可分为上接触式、下接触式及侧接触式三种。

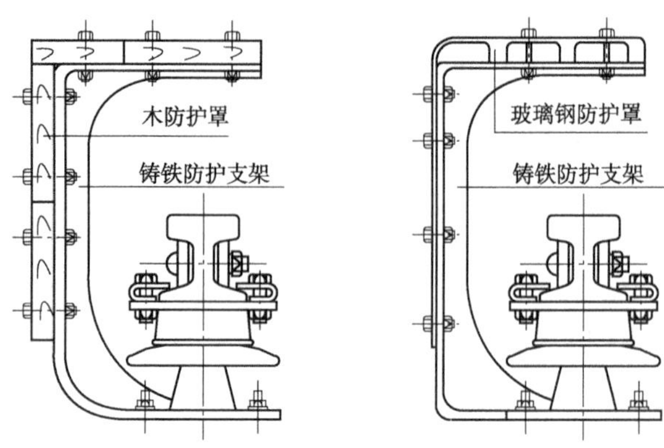

图 4-6　北京城轨环线接触轨结构安装

1. 上接触式

上接触式是接触轨面朝上固定安装在专用绝缘子上，并且由固定在枕木上的弓形肩架予以支持，如图 4-7a）所示，由接触轨、绝缘子、三轨夹板、防护支架、防护板、端部三轨弯头、防爬器等构件组成。受流器滑靴从上压向接触轨轨头顶面受流。受流器的接触力是由下作用弹簧的压力调节的，受流平稳，由于端部弯头的过渡作用，能够减少在断电区的电流冲击。上接触式接触轨因接触靴在其上面滑动，所以固定方便，但不易加防护罩。

上接触式三轨施工作业简便，可以在轨头上部通过支架安装不同类型的防护板。北京城轨、天津城轨一号线（延伸）等采用上接触式第三轨。

2. 下接触式

下接触式是接触轨面朝下安装，如图 4-7b）所示。下接触式轨头朝下，通过绝缘肩架、橡胶垫、扣板收紧螺栓、支架等安装在底座上。下接触式的优点是防护罩从上部通过橡胶垫直接固定在接触轨周围，对人员安全性好。莫斯科城轨就采用这种方式，利于防止下雪或冰冻造成集电困难。但是，这种安装方式结构较复杂，费用较高。武汉轨道交通一期等采用下接触式。

3. 侧接触式

侧接触式是近年来新开发的一种接触轨悬挂方式。侧接触式就是接触轨轨头端面朝向走行轨，集电靴从侧面受流。跨座式独轨车辆就采用侧面接触形式。其受流器装在转向架下部，接触轨装在轨道梁上，如图 4-7c）所示。

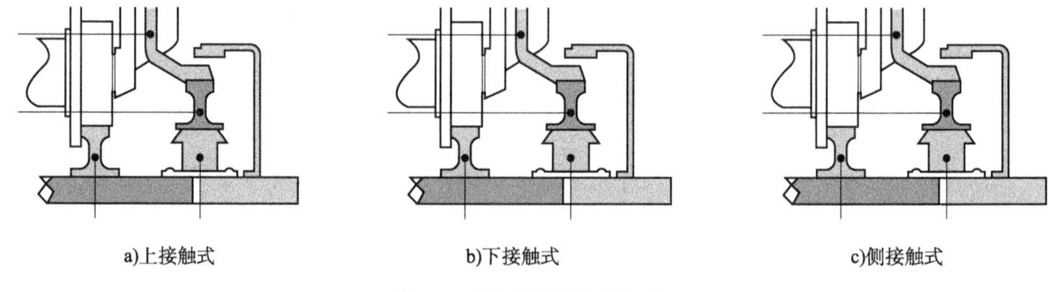

a)上接触式　　b)下接触式　　c)侧接触式

图 4-7　接触轨摩擦接触方式

三、接触轨材质

接触轨按照轨材质不同，可分为高电导率低碳钢导电轨和钢铝复合轨。

低碳钢导电轨主要的特点是磨耗小、制作工艺成熟、价格较低，主要规格有 DU48 和 DU52 型，如北京城轨系统。

钢铝复合轨是由钢和铝组合而成，其工作面是钢，而其他部分是铝。它的主要特点是电导率高，质量轻，磨耗小，电能损耗低。

钢铝复合轨与低碳铜接触轨相比，具有以下优势：

(1)电导率高，电压降及牵引能耗成比例下降，因此可加大供电距离约 1.4 倍，适当减少牵引变电站的数目。

(2)不锈钢接触面光滑，耐腐蚀，耐磨耗，可延长接触轨与受流器的寿命。

(3)质量轻，便于施工安装。

正因为钢铝复合轨有以上优势，采用钢铝复合轨已成为趋势。我国不少城市的轨道交通项目均使用钢铝复合轨方式。

接触轨(第三轨)受电方式最早在伦敦城市轨道采用，由于接触轨构造简单、安装方便、可维修性好，并对隧道建筑结构等的净空要求较低，受流性能满足 DC750V 供电的需要，因而在标准电压 DC750V 供电系统中得到广泛的采用。其中接触轨为正极，走行轨为负极。接触轨系统允许电压波动范围为 DC500～900V。

第三轨系统可降低隧道上方净空，节省投资，具有供电线路维修工作员少、架设不影响周围的景观等优点。

第三轨系统采用高导电性的钢铝复合接触轨，因此可以不用额外敷设沿线的馈电电缆；单位电阻小，可降低牵引网电能损耗，从而有效地节约运营成本；质量轻，易于调整，接触轨之间采用接扳机械连接，不需要现场焊接，因此安装简便；复合材料制成的接触轨支架具有低维护、耐腐蚀的特点，可以有效降低生命周期成本；安装位置在走行钢轨旁边，对铁路周围景观影响较小；钢铝复合轨与电力机车集电靴之间的接触面为不锈钢层，因此使用寿命长。

任务二　学习城市轨道交通牵引供电接触轨供电回路

一、城市轨道交通供电牵引网接触轨供电回路

采用接触轨供电方式，其直流牵引系统的电流走向是整流柜正极→总闸→直流正母线→分闸→上网柜→三轨→机车受流器→机车断路器→牵引电机→走行轨→回流线→回流箱→回流电缆→直流负极母线→65、75 电动隔离开关→负极电缆→整流柜负极，如图 4-8 所示。

二、牵引变电所向接触网的供电方式

牵引变电所向接触网供电有两种方式：单边供电和双边供电，如图 4-9 所示。

接触网通常在相邻两牵引变电所间的中央断开，将两牵引变电所之间两供电臂的接触网分为两个供电分区。每一供电分区的接触网只从一端的牵引变电所获得电流，称为单边供电。

如果在中央断开处设置开关设备，可将两供电分区连通，此处称为分区亭。将分区亭的断路器闭合，则相邻牵引变电所间的两个接触网供电分区均可同时从两个变电所获得电流，这称为双边供电。

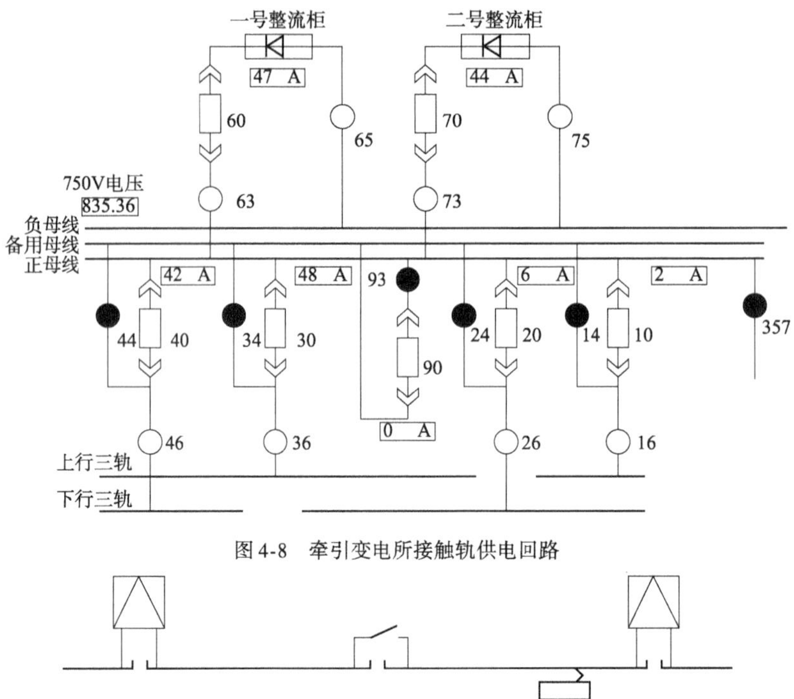

图 4-8　牵引变电所接触轨供电回路

图 4-9　接触网供电原理

1. 单边供电

单边供电指馈电区只从一侧牵引变电所取得电源。单边供电只是运行中一种可能采用的临时供电方式,是在特定条件下运营中可能采用的一种措施。虽然单边供电有很多不足,但在下列场合仍使用单边供电方式:

(1)车场线、停车线、检修线、试车线,因这些线路上的车辆少、取流小。

(2)当线路终端牵引变电所因故障解列或一路馈线开关因故障退出运行时,如由于单边供电距离长,最大电压损伤超过国家标准允许值,为减少牵引网回路电阻,可在终端变电所处将上、下行接触网并联。

2. 双边供电

双边供电是指任何一个馈电区同时从两侧牵引变电所取得两路电源。城轨的牵引供电系统,在正线的设计和运营中,均应采用双边供电方式,因为双边供电比单边供电具有明显的优点。

(1)牵引网电压损失,双边供电是单边供电的 1/4 ~ 1/3。

(2)牵引网的功率损失,双边供电是单边供电的 1/4 ~ 1/3。

(3)双边供电时,列车的再生能量可以被同行列车吸收,当车流密度高时,再生能量更易被同行列车利用;而单边供电时,再生能量被其他同行列车吸收的可能性极小。

(4)双边供电时,走行轨的对地电位为单边供电的 1/4 ~ 1/3,所以其杂散电流值仅为单边供电的 1/4 ~ 1/3。

3. 大双边供电

鉴于双边供电比单边供电有很多优点,即使在一座牵引变电所因故障解列时,也应采取技术措施实行大双边供电,同时应自动完成双边联跳条件的转换,这样可以减少牵引变电所数量,既节省一次建设投资,又减少运营费用,同时减少列车起动时的电压损失,降低功率损耗,有利于列车运行,并且不影响运送旅客的能力,这对运营是非常有利的。实行大双边供电。实现大双边供电有以下两种方式。

(1)利用解列的牵引变电所的直流母线构成大双边供电

如图 4-10 所示,利用牵引变电所直流母线构成大双边供电的条件是:

①牵引变电所只有两套整流机组退出运行。

②直流母线、上下行 4 路馈线开关及其二次回路完好无损,且能正常运行。

这样构成大双边供电的优点是简单方便,容易实现;缺点是凡涉及直流母线或 4 路馈线开关的任何故障都不适用这种方式。利用故障变电所的直流母线将上下行的接触轨并联起来,虽然改善了电压质量、降低了损耗,但同时也会扩大事故范围,因接触轨一点发生短路故障时,可能引起多路馈出开关跳闸,从而使事故范围扩大。

(2)利用纵向电动隔离开关构成大双边供电

当牵引变电所因故障解列时,利用电分段处的纵向电动隔离开关构成大双边供电,使整座牵引变电所(含隧道开关柜)退出运行,牵引网运行不受故障牵引变电所的影响,图中两台纵向电动隔离开关 1ZDG、2ZDG 处于合闸状态,如图 4-11 所示。

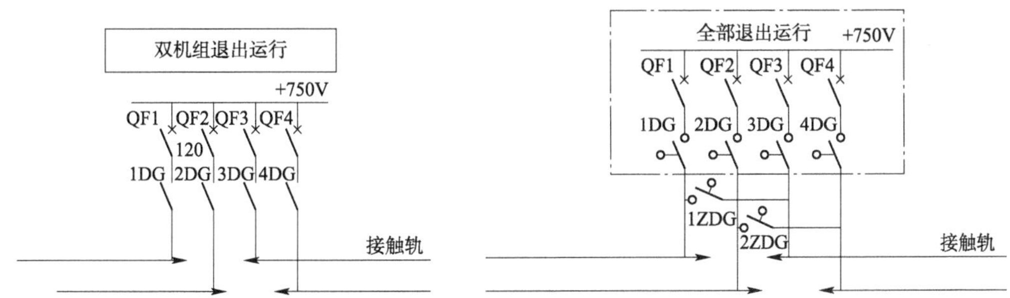

图 4-10　利用直流母线构成大双边供电　　图 4-11　利用纵向电动隔离开关构成大双边供电

课题三　城市轨道交通牵引供电接触网供电方式

架空接触网是将接触导线架设于车体上方的一种接触网形式,电动列车通过受电弓从架空接触网取得电流。目前国内多个城市的轨道交通都采用架空接触网的供电形式,如上海城轨、广州城轨等。

一、架空接触网的供电制式

根据《城市轨道交通直流牵引供电系统》(GB 10411—2005)规定,我国城轨的架空接触网有以下两种制式:直流 1500V 和直流 750V。

二、架空接触网供电形式

接触网正常运行时采用双边供电,在其中牵引变电所故障接列时,允许采用大双边或单边供电。接触网不允许纽结式供电,即不允许由三个以上(含三个)的牵引变电所向同一个电分段牵引网供电。

三、架空接触网的类型

架空接触网分为刚性和柔性悬挂两种形式。

图 4-12　柔性架空接触网

1. 柔性架空接触网

如图 4-12 所示，柔性架空接触网由带张力的柔性金属导线组成。在运行过程中，电动列车的受电弓与接触线保持可靠的弓网压力，并进行动态取流。其主要特点是以线索形式存在，隧道净空要求较大，运营维护的工作量也较大，能够满足较高的运速要求。通常在城轨高架或地面运行时使用柔性接触网。

2. 刚性架空接触网

刚性架空接触网也称刚体接触悬挂或刚性悬挂，是相对传统的柔性接触网而言，为了更有效地利用地下隧道的净空而开发的一种接触网。如图 4-13 所示，它将传统的接触线夹装在汇流排中，用汇流排取代了承力索，并靠它自身的刚性保持接触线的固定位置，使接触线不因重力而产生较大弛度。刚性架空接触网节省隧道净空，可靠性高，耐磨性好，接触网零件简单，维修成本大大降低。刚性架空接触网从 20 世纪 90 年代起得到较快发展。我国广州、南京等地的城轨采用刚性架空接触网形式。

图 4-13　刚性架空接触网

四、架空接触网系统的组成

架空接触网系统由接触悬挂和支持装置两大部分组成。接触悬挂中的接触导线采用高导电率的银铜合金制成，承力索采用硬铜绞线；支持装置采用旋转腕臂方式或软横跨方式。由受电弓与接触导线接触受电。

架空接触网是设置在沿轨道线路的供电设备。它受到各种自然条件的影响，如风吹、气温变化、雨淋和覆冰等。

法国的里昂城轨、英国的纽卡斯尔城轨、日本的神户城轨以及我国的上海、广州、深圳、香港城轨就采用了架空接触网方式。

单元思考题

1. 城轨牵引网的主要作用是什么？
2. 城轨牵引网受电有几种形式，各有什么特点？
3. 城轨牵引网主要由几部分组成？
4. 通常城轨牵引网供电电压是多少伏？

单元五　低压配电及操作电源

【知识目标】

1. 掌握低压配电的形式及特点；
2. 掌握低压配电在城轨中的作用；
3. 了解城轨牵引供电 400V 系统调度编号规则；
4. 掌握城轨牵引供电 400V 系统电气主接线；
5. 了解城轨牵引供电 400V 系统的特点；
6. 掌握城轨牵引供电 400V 系统的运行方式；
7. 了解 400V 系统交直流操作电源的工作原理，掌握 400V 系统交直流操作电源的构成。

【能力目标】

1. 能够正确理解低压配电在城轨中的作用；
2. 能够分析、判断低压配电各种形式的特点；
3. 能够正确认识城轨牵引供电 400V 系统电气主接线；
4. 能够独立绘制城轨牵引供电 400V 系统电气主接线；
5. 能够正确认识城轨牵引供电 400V 系统的运行方式；
6. 能够正确理解城轨牵引供电 400V 系统的运行巡视要求；
7. 能够正确理解并运用 400V 系统交直流操作电源故障处理。

【素质目标】

1. 通过学习低压配电的形式，培养学生安全用电的意识；
2. 通过组织讨论低压配电在城轨中的作用，强化表述能力；
3. 通过调度编号规则的学习，培养学生严谨的工作习惯；
4. 通过 400V 系统的运行方式和巡视要求的学习，强化学生安全用电的作业意识；
5. 通过故障处理的学习，培养安全作业与应急大局意识。

课题一　低压配电形式

一、低压配电系统概述

1. 低压配电系统内涵

低压配电系统是城轨供电系统的关键，经济、合理、可靠性高的配电形式是城轨运营的前提。低压配电系统主要由配电电源、输送线路、低压配电室开关柜、电缆线路、配电箱及负荷等组成。配电电源主要是为保障城轨的正常运行；开关柜装置控制低压配电系统的电压和辅助设备的电路及对电能质量的监测；系统配电设备及线路保障城轨低压系统的安装、铺设的安全性、可行性。

2. 低压配电系统的特点

低压配电系统具有对电气设备配置要求高、系统设备技术硬、使用及维护功能强，运行环境不稳定的特点。

3. 低压配电系统在城市轨道交通的作用

低压配电系统可对城轨设备进行直接控制和车站综合控制，城轨低压系统中的开关柜可对城轨设备元件进行过载保护及其他特性的保护功能，车站照明系统用电归属于低压配电系统，对城轨照明设备的控制能保障照明系统的稳定可靠运行。低压配电系统是直接向轨道交通中的其他系统提供电能的重要子系统，同时还负责监测控制通风空调、给排水和照明等设备的运行状态。城轨中智能低压配电系统不仅保证城轨运行的安全可靠，也实现了对城轨整体运行设备的管控，低压配电系统对城轨设备的控制更加的简化，加快城轨的可智能化发展进程。

二、低压配电系统配电形式

1. 按主干线的构成分类

(1)放射式配电接线方式，其特点是配电线路相互独立，因而具有较高的可靠性，某一配电线路发生故障或检修时不致影响其他配电线路。但放射式配电接线方式中，从低压配电柜引出的干线较多，使用的开关等材料也较多。这种接线方式一般适用于供电可靠性要求高的场所或容量较大的用电设备，如图 5-1 所示。

(2)树干式配电接线方式，其特点与放射式配电方式相反，系统具有一定的灵活性，耗用的有色金属材料较少，但干线一旦发生故障，将造成较大范围的影响，因而其供电可靠性较差。该接线方式一般适用于负荷容量较小，分布均匀且供电可靠性无特殊要求的用电设备，如用于一般照明的楼层分配电箱等，如图 5-2 所示。

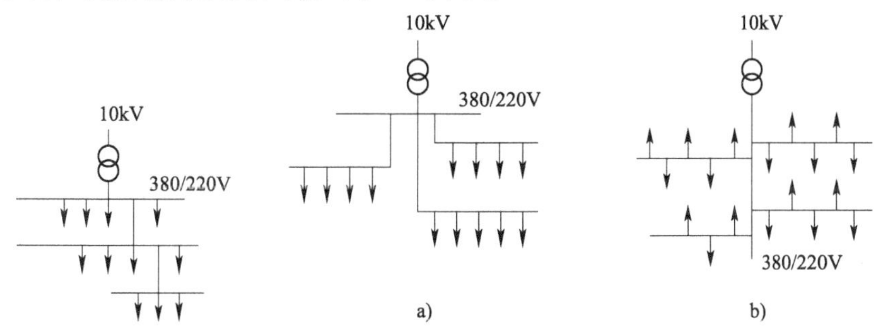

图 5-1　放射式接线

图 5-2　树干式接线

(3)混合式配电方式兼顾了放射式和树干式两种配电方式的特点，是将两者进行组合的配电方式。如高层建筑中，当每层照明负荷都较小时，可以从低压配电屏放射式引出多条干线，将楼层照明配电箱分组接入干线，局部为树干式。

在城轨低压配电系统中，以低压配电室向一般系统负荷供电，大多数采用放射式供电的模式,个别负荷可采用树干式供电。

2. 按接地方式分类

根据现行国家标准《低压配电设计规范》(GB 50054—2011)的定义,将低压配电系统分为三种,即 TN、TT、IT 三种形式。其中,第一个大写字母 T 表示电源变压器中性点直接接地;I 则表示电源变压器中性点不接地(或通过高阻抗接地)。第二个大写字母 T 表示电气设备的外壳直接接地,但和电网的接地系统没有联系;N 表示电气设备的外壳与系统的接地中性线相连。

(1)TN 系统:电源变压器中性点接地,设备外露部分与中性线相连。电力系统的电源变压器的中性点接地,根据电气设备外露导电部分与系统连接的不同方式又可分三类,即 TN-C 系统、TN-S 系统、TN-C-S 系统。

TN-C 系统其特点是电源变压器中性点接地,保护零线(PE)与工作零线(N)共用。TN-C 系统存在以下缺陷:当三相负载不平衡时,在零线上出现不平衡电流,零线对地呈现电压。当三相负载严重不平衡时,触及零线可能导致触电事故。通过漏电保护开关的零线,只能作为工作零线,不能作为电气设备的保护零线,这是由漏电开关的工作原理决定的。对接有二极漏电保护开关的单相用电设备,如用于 TN-C 系统中其金属外壳的保护零线,严禁与该电路的工作零线相连接,也不允许接在漏电保护开关前面的 PEN 线上,但在使用中极易发生误接。重复接地装置的连接线,严禁与通过漏电开关的工作零线相连接。TN-S 供电系统,将工作零线与保护零线完全分开,从而克服了 TN-C 供电系统的缺陷,所以现在施工现场已经不再使用 TN-C 系统。

TN-S 系统的整个系统的中性线(N)与保护线(PE)是分开的。它的特点是当电气设备相线碰壳,直接短路,可采用过电流保护器切断电源;当 N 线断开,如三相负荷不平衡,中性点电位升高,但外壳无电位,PE 线也无电位;TN-S 系统 PE 线首末端应做重复接地,以减少 PE 线断线造成的危险。TN-S 系统适用于工业企业、大型民用建筑。

TN-C-S 系统由两个接地系统组成,第一部分是 TN-C 系统,第二部分是 TN-S 系统,其分界面在 N 线与 PE 线的连接点。PE 线连接的设备外壳在正常运行时始终不会带电,所以 TN-C-S 系统提高了操作人员及设备的安全性。施工现场一般当变台距现场较远或没有施工专用变压器时采取 TN-C-S 系统。

(2)TT 系统:电源中性点直接接地,电气设备的外露导电部分用 PE 线接到接地极(此接地极与中性点接地没有电气联系)。在采用此系统保护时,当一个设备发生漏电故障,设备金属外壳所带的故障电压较大,而电流较小,不利于保护开关的动作,对人和设备有危害。为消除 T 系统的缺陷,提高用电安全保障可靠性,根据并联电阻原理,特提出完善 TT 系统的技术革新。技术革新内容是用不小于工作零线截面的绿/黄双色线(简称 PT 线),并联总配电箱、分配电箱、主要机械设备下埋设的 4 ~ 5 组接地电阻的保护接地线为保护地线,用绿/黄双色线连接电气设备金属外壳。它有下列优点:

①单相接地的故障点对地电压较低,故障电流较大,使漏电保护器迅速动作,切断电源,有利于防止触电事故发生。

②PT 线不与中性线相连接,线路架设分明、直观,不会有接错线的事故隐患。

③不用每台电气设备下埋设重复接地线,可以节约埋设接地线费用开支,也有利于提高接地线质量并保证接地电阻 $\leqslant 10\Omega$,用电安全保护更可靠。

TT 系统在国外被广泛应用,在国内仅限于局部对接地要求高的电子设备场合,目前在施工现场一般不采用此系统。但如果是公用变压器,而有其他使用者使用的是 TT 系统,则施工现场也应采用此系统。

(3)IT 系统:电力系统的带电部分与大地间无直接连接(或经电阻接地),而受电设备的外露导电部分则通过保护线直接接地。这种系统主要用于 10kV 及 35kV 的高压系统和矿山、井下的某些低压供电系统。

城轨低压配电系统受接线方式、设备选择、安装、线路铺设等因素的控制,其中受接地方式的控制较为明显。低压配电系统的接地方式以城轨配电电源端、城轨低压配电设备外装置可导电部分与地接触的关系来判定。我国的城轨低压供电系统接地方式大部分采用三相五线制系统,此方式可解决城轨地下结构的钢筋自然接地。通常采用 TN-S 系统,动力设备的外露可导电部分均与 PE 线可靠连接,配电箱、切换箱、控制箱、保护钢管等均与就近的 PE 线可靠连接。

在目前的低压配电方式下,城轨车站内的设备房间、公共区布满电缆桥架,低压电缆沿桥架铺设到系统用电设备的配电箱及变电所内的低压开关柜中,各级负荷电源从低压开关柜接引,通过电缆向系统用电设备配电,以低压配电室向系统负荷一般采用放射式供电的模式供电。

总而言之,低压配电系统是城轨运行供配电的一个重要环节,对于各项低压用电设备的技术要求尤其高,因而须以高技术、高安装、高维护的"三高"原则来保障城轨低压配电系统的安全、正常运行。低压配电系统提高了城轨设备运行的自动智能化程度,缩短了城轨低压配电系统的调试运行时间,对城轨设备维护起到不可或缺的作用。

课题二　城市轨道交通牵引供电 400V 系统电气主接线

任务一　学习城市轨道交通牵引供电 400V 系统电气主接线

城轨的降压变电所是为车站与线路区间的动力、照明负荷和通信信号电源供电而设置的,可与直流牵引变电所合并,形成牵引、降压混合变电所。大多数是单独设置的,其主接线特点和基本要求如下:

(1)降压变电所的设置。城轨各车站根据实际的复合情况,设置 1 ~ 2 座降压变电所,尽可能位于负荷中心。当车站只有 1 座降压变电所时,应将该变电所设于车站重负荷(冷水机组)段,并视负荷分布情况在车站另一端设置低压配电室。

(2)降压变电所对供电电源的要求,应按一级负荷考虑,由环行电网或二路电源供电,进线电压侧采用单母线分段系统。一般设有两台动力、照明变压器。正常运行时,两台变压器分列运行,同时供电,负荷率不超过 70%。当一台变压器发生故障解列时,自动切除三类负荷,另一台变压器可承担该所供电范围内的全部一、二级负荷,以保证城轨的正常运行。

动力照明的一级负荷,包括排烟事故风机、消防泵、事故照明、通信信号、防灾报警系统、售检票系统、防淹门等。这类负荷如中断供电,将导致地下车站及其通信、信号设备不能工作,引起列车运行秩序混乱,并在发生事故时不能报警和消防。

二级负荷包括车站、线路区间和作业场所的工作用照明、地下车站风机、排水、排污泵、自动扶梯、人防工程等,这类负荷一旦断电,将对正常运营造成困难。

除上述一、二级负荷以外,还有维修、清扫机械、空调等动力和其他照明为三级负荷。

(3)照明电源引自降压变电所0.4kV两段母线,照明配电箱分别设于站台层、设备层及站厅层的配电室内,按不同照明种类分别设置照明配电箱。事故照明(包括诱导照明)由降压变电所交直流屏供电。站台下安全照明、折返线检查坑和车辆段检查坑内的安全照明或携带式照明用插座采用交流36V安全电压,其余均采用交流220V电压。

10kV 1/2段母线以及400V侧接线均主要采用单母线分段接线方式,单母线分段接线是克服不分段母线的工作不够可靠、灵活性差的有效方法。分段断路器正常时闭合,使两段母线并联运行,电源回路和同一负荷的馈电回路应交错连接在不同的分段母线上。这样,当母线检修时,停电范围缩小一半,母线故障时,分段断路器由于保护动作而自动跳闸,将故障段母线断开,非故障段母线及与其相连接的线路仍照常工作,仅使故障段母线连接的电源线路与馈电回路停电。用隔离开关分段的接线可靠性稍差一些,母线故障时将短时全部停电,打开分段隔离开关后,非故障段母线即可恢复供电。单母线分段接线被广泛应用在各种城市牵引变电所。

动力变压器低压侧通过自动开关与每段母线连接,动力与照明的一、二级负荷应有两路低压电源供电,且前者应为专用电缆。此外,设有联络电缆与相邻变电所的低压电源连接,作为事故备用电源,也可将设备用发电机组、蓄电池组电源作为事故备用电源,如图5-3所示。其中事故电源母线的设计,应保证在本降压变电所全部停电时,由相邻变电所的电源或自备发电机等自动投入,为车站和区间的事故照明供电。

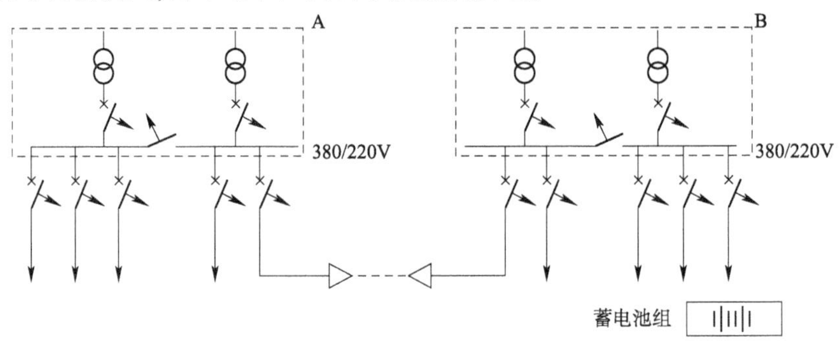

图5-3 降压变电所低压配电系统

任务二 学习城市轨道交通牵引供电400V系统调度编号规则

北京城轨某牵引变电站400V系统的主接线如图5-4所示,各开关自左往右的编号如下:

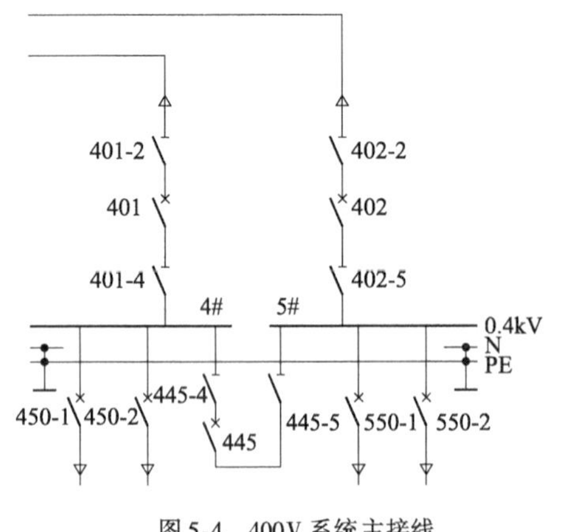

图5-4 400V系统主接线

401 1#进线断路器;

402 2#进线断路器;

445 4#母线与5#母线的联络开关;

左侧母线为4#母线,右侧母线为5#母线;

401-2 400V 1#进线电源侧隔离开关;

401-4 400V 1#进线负荷侧隔离开关;

402-2 400V 2#进线电源侧隔离开关;

402-4 400V 2#进线负荷侧隔离开关;

450-1 400V 4#母线第1条出线开关;

450-2 400V 4#母线第2条出线开关;

550-1 400V 5#母线第1条出线开关;

550-2　400V 5#母线第 2 条出线开关；

445-4　445 母联开关 4#母线侧隔离开关；

445-5　445 母联开关 5#母线侧隔离开关。

若出线数量多，按照从左往右的顺序依次递加即可，以上是以北京城轨为例。

课题三　城市轨道交通牵引供电 400V 系统运行

任务一　认识城市轨道交通牵引 400V 系统运行方式

一、城市轨道交通牵引供电 400V 系统特点

1. 400V 系统的运行方式

该主接线一般采用单母线分段接线方式。正常运行时，两台变压器电源由 10kV 两段分别取自两条母线分别供电，分列运行。当一台变压器退出运行时，母联断路器自动/手动/远动投入，由一台变压器通过母联承担全部负荷。

2. 转换开关设置

（1）1#进线开关、2#进线开关、母联开关只设一个共用的就地、远方转换开关，装在母联开关柜上，如图 5-5 所示。三个开关应满足“三选二”的合闸关系：当一路进线开关在分闸位，另一路进线开关和母联开关在合闸位，这时有电的进线失压，进线开关和母联不动（维持原状态）。

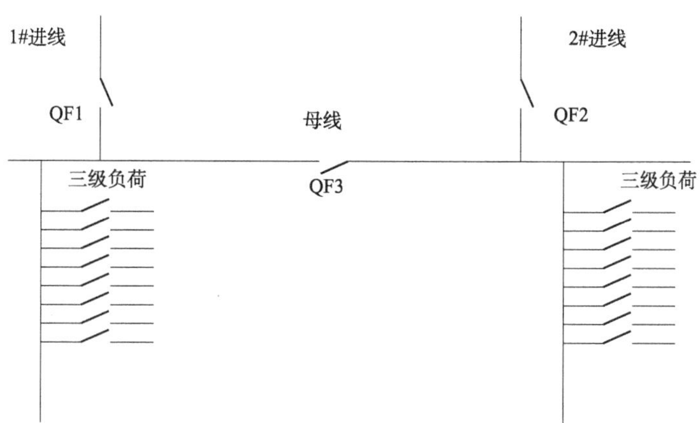

图 5-5　400V 供电系统

（2）三级负荷回路设置转换开关，可就地、远方控制。

3. 三级负荷开关

400V 系统主要给照明、动力等低压设备供电，低压设备分为一、二、三级负荷。三级负荷开关的要求如下：

（1）每个三级负荷设一个就地/远动转换开关。

（2）一路进线失压，进线开关跳闸，三级负荷不管是否全部断开，母联开关都可手动或自动合闸。

（3）一路进线失压，另一路进线也失压，低压柜开关设备保持不变，三级负荷开关，保持不变。

二、400V 系统的运行方式

1. 就地/手投手复模式

正常状态:QF1、QF2 合闸,QF3 分闸,三级负荷全部合闸、两路进线电压正常。

1#进线掉电:

操作步骤:QF1 延时分闸→三级负荷延时分闸(转换手柄位于远方位)→QF3 手动合闸→三级负荷根据情况选择性手动合闸。

1#进线电压恢复正常,故障解除,QF3 退出运行,QF1 投入运行:

操作步骤:QF3 手动分闸→QF1 手动合闸→三级负荷全部手动合闸。

最终状态:QF1、QF2 合闸,QF3 分闸,三级负荷对应开关全部合闸。

2#进线掉电:

操作步骤:QF2 延时分闸→延时三级负荷分闸(转换手柄位于远方位)→QF3 手动合闸→三级负荷根据情况选择性手动合闸。

2#进线电压恢复正常,故障解除,QF3 退出运行,QF2 投入运行:

操作步骤:QF3 手动分闸→QF2 手动合闸→三级负荷全部手动合闸。

最终状态:QF1、QF2 合闸,QF3 分闸,三级负荷全部合闸。

2. 就地/手投自复模式

正常状态:QF1、QF2 合闸,QF3 分闸,三级负荷全部合闸,两路进线电压正常。

1#进线掉电:

操作步骤:QF1 延时分闸→延时三级负荷分闸(转换手柄位于远方位时)→QF3 手动合闸→三级负荷可根据负荷情况选择性手动合闸。

1#进线电压恢复正常:

步骤:QF3 延时自动分闸→QF1 延时自动合闸→在远方位的三级负荷延时自动合闸。

最终状态:QF1、QF2 合闸,QF3 分闸,远方位三级负荷合闸。

2#进线掉电:

操作步骤:QF2 延时自动分闸→三级负荷延时分闸(当三级负荷转换手柄位于远方位)→QF3 手动合闸→三级负荷可根据负荷情况选择性手动合闸。

2#进线电压恢复正常:

操作步骤:QF3 延时自动分闸→QF2 延时自动合闸→在远方位的三级负荷延时自动合闸。

最终状态:QF1、QF2 合闸,QF3 分闸,远方位三级负荷合闸。

3. 就地/自投手复

初始状态:QF1、QF2 合闸,QF3 分闸,三级负荷全部合闸、低压两路进线电压正常。

1#进线掉电:

操作步骤:QF1 延时自动分闸→三级负荷延时分闸(转换手柄位于远方位时)→QF3 延时自动合闸→三级负荷可选择性手动合闸。

1#进线电压恢复正常:

操作步骤:先手动分闸 QF3→手动合闸 QF1→三级负荷全部手动合闸。

得到最终态:QF1、QF2 合闸,QF3 分闸,三级负荷全部合闸。

2#进线掉电：

操作步骤：QF2 延时自动分闸→三级负荷延时分闸（转换手柄位于远方位时）→QF3 延时自动合闸→三级负荷可选择性手动合闸。

2#进线电压恢复正常：

操作步骤：只能先手动分闸 QF3→手动合闸 QF2→三级负荷全部手动合闸。

得到最终态：QF1、QF2 合闸，QF3 分闸，三级负荷全部合闸。

4. 就地/自投自复

初始状态：QF1、QF2 合闸，QF3 分闸，三级负荷全部合闸，两路进线电压正常。

1#进线掉电：

操作步骤：QF1 延时自动分闸→三级负荷延时分闸（转换手柄位于远方位时）→QF3 延时自动合闸→三级负荷可选择性手动合闸。

1#进线电压恢复正常：

操作步骤：QF3 延时自动分闸→QF1 延时自动合闸→在远方位的三级负荷延时自动合闸。

最终状态：QF1、QF2 合闸，QF3 分闸，三级负荷转换手柄位于远方位的全部合闸。

2#进线掉电：

操作步骤：QF2 延时自动分闸→三级负荷延时分闸（转换手柄位于远方位时）→QF3 延时自动合闸→三级负荷可选择性手动合闸。

2#进线电压恢复正常：

操作步骤：QF3 延时自动分闸→QF2 延时自动合闸→在远方位的三级负荷延时自动合闸。

最终状态：QF1、QF2 合闸，QF3 分闸，三级负荷转换手柄位于远方位的全部合闸。

5. 远方/自投自复

初始状态：QF1、QF2 合闸，QF3 分闸，三级负荷全部合闸，低压两路进线电压正常。

1#进线掉电：

操作步骤：QF1 延时自动分闸→三级负荷延时分闸（转换手柄位于远方位）→QF3 延时自动合闸→三级负荷可选择性手动合闸。

1#进线电压恢复正常：

操作步骤：QF3 延时自动分闸→QF1 延时自动合闸→位于远方的三级负荷延时自动合闸。

最终状态：QF1、QF2 合闸，QF3 分闸，三级负荷转换手柄位于远方位的全部合闸。

2#进线掉电：

操作步骤：QF2 延时自动分闸→三级负荷延时分闸（转换手柄位于远方位时）→QF3 延时自动合闸→三级负荷可选择性手动合闸。

2#进线电压恢复正常：

操作步骤：QF3 延时自动分闸→QF2 延时自动合闸→位于远方的三级负荷延时自动合闸。

最终状态：QF1、QF2 合闸，QF3 分闸，三级负荷转换手柄位于远方位的全部合闸。

6. 远方点动控制模式

所有三级负荷开关和进线、母联开关，只要其控制方式转换开关在“远方位”，模式转换开关无论在任意位置，均可通过 PLC 的投入来实现处于远方点控操作。

初始状态：QF1、QF2 合闸，QF3 分闸，三级负荷全部合闸，低压两路进线电压正常。

1#进线掉电：

操作步骤：QF1 延时分闸→当 QF3 点动合闸时→三级负荷分闸（当三级负荷转换手柄位于远方位时）→待远方位三级负荷分闸后 QF3 合上。

1#进线电压恢复正常：

操作步骤：QF3 点动分闸→QF1 点动合闸→三级负荷全部点动合闸。

最终状态：QF1、QF2 合闸，QF3 分闸，三级负荷全部合闸。

2#进线掉电：

操作步骤：QF2 延时分闸→当 QF3 点动合闸时→三级负荷分闸（当三级负荷转换手柄位于远方位时）→待远方位三级负荷分闸后 QF3 合上。

2#进线电压恢复正常：

操作步骤：QF3 点动分闸→QF2 点动合闸→三级负荷全部点动合闸。

最终状态：QF1、QF2 合闸，QF3 分闸，三级负荷全部合闸。

任务二　城市轨道交通牵引 400V 系统巡视

城轨 400V 供电系统，要求值班人员每天巡视一次。

一、巡检注意事项

（1）查看开关指示灯，是否与实际合分闸情况对应；

（2）QF1、QF2、QF3 开关位置与实际运行方式相符；

（3）开关位置指示灯指示正确，试验位、工作位；

（4）转换开关位置应与运行方式相符；

（5）查看智能仪表三相电压、电流平衡，抄完电量后，应将表打至电压挡；

（6）无异常声音及异常气味，电缆、电流互感器；

（7）馈出开关位置与运行方式相符（重点查看通信、信号、综合监控电源、安全门电源、交流屏电源）；

（8）三级负荷开关与运行位置相符；

（9）检查低压联系票，上位机的返讯；

（10）所有未送的开关都挂禁止合闸有人工作标志牌；

（11）在本站有变压器倒停时，工作完成后，重点检查 400V 馈出开关的位置，应与停电前相符，并查看上位机返讯，及时与机电、综控进行沟通。

二、操作、清扫设备时的注意事项

（1）柜门打不开，不要用猛力，要进行检查；

（2）当开关推不到位，可能是由于开关前面没有把舌头顶开；

（3）在清扫时，应注意开关的端子，压接线有无短路的可能；

（4）检查二次线、互感器、仪表有无松动；

（5）PLC 在后背板的上方，应打开柜门检查接线有无松动；

（6）注意开关的位置，试验位、工作位；

（7）当开关拉不出来时，不要使劲向外拽，两个锁扣没有弹起；

（8）400V 进线、母联开关操作时，要将联锁按钮按下。

课题四 操作电源

城轨各个变电所控制系统、信号系统、继电保护、自动装置、智能测量装置采用的操作电源最常见的有 220V 交流操作电源和 110V 220V 直流操作电源。

一、交流操作电源

交流屏的两路进线交流电源由 400V 开关柜两段母线引入,进入交流屏的 1QF、2QF,再由 QF1、QF2 进入自动互投装置,从交流互投装置引出一路交流电源引入到交流母线,交流母线下接交流馈出开关。

交流屏所带的主要负荷有给直流操作电源供电,以及站内其他控制系统供电。

二、直流操作电源

1. 直流操作电源的概念

国际上对直流电源的定义:由充电装置、蓄电池、馈出回路、调压装置和相关的控制、测量、信号、保护、调节单元等设备,由制造厂负责完成所有内部电气和机械的连接,用结构部件完整地组合在一起的一种组合体。该设备正常运行时,可实现蓄电池组的在线充电或离线充电;非正常运行时,保证动力母线和控制母线不间断供电。

目前在变电所中使用最多、最广泛的直流操作电源是由蓄电池组构成的直流操作电源系统。由于整个蓄电池组故障造成停止供电的可能性很小,蓄电池组的故障总是首先在个别电池中发生,且故障发展过程缓慢,容易被及时发现和消除,不易波及整个蓄电池组。经过多年的、大量的蓄电池运行经验也证明了这一点,所以就其可靠性而言,目前还没有其他电源装置可以替代。

2. 直流电源的构成

直流电源装置主要是由蓄电池、充电装置馈电回路等组成各种系统。按照其使用场所和配置,主要分为两类:单母线接线方式和单母线分段接线方式。直流系统馈电网络有两种供电方式:辐射供电和环形供电。负荷的双重直流供电电源单母线接线方式和单母线分段接线方式均可满足。

3. 直流屏的工作原理

由交流屏输入的交流电源给各个高频整流模块供电。高频整流模块输出通过汇流排给蓄电池组浮充电;通过硅链调压装置后,输出供给变电站内的二次直流负荷。

SWRA 为高频整流模块,直流电源柜配置的是 3 个 10A 的高频整流模块。通常把这些并联连接的高频整流模块称为充电装置。

在正常情况下,充电装置给蓄电池浮充电,同时供给变电站内的二次直流负荷用电;交流电源中断后,由蓄电池组给变电站内的二次直流负荷供电,系统同时发出声光报警;交流电源恢复后,系统自动恢复正常工作,并及时为放电后的蓄电池组做补充充电。直流电源屏、交流输入电源和高频整流模块均由 DCM-3 型直流监控装置对其状态进行监控和告警。监控装置一方面接受交流电源、直流电源屏和高频整流模块的信息,控制高频整流模块的停机及均浮充方式,另一方面将交直流屏的所有信息传送到变电站综合自动化系统。直流屏的工作原理如图5-6所示。

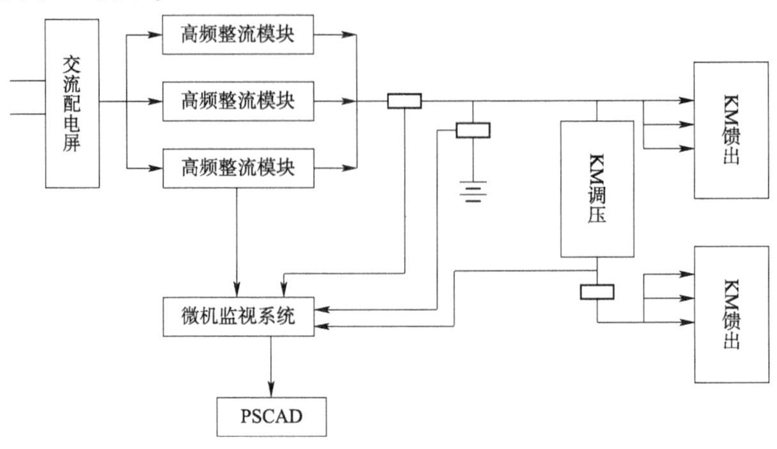

图5-6　直流屏的工作原理

三、直流电源屏主要部件

1. SWRA 高压整流模块

模块内部采用目前国际上先进的零电压移相谐振软开关技术,以大功率IGBT为主要功率开关器件,具有大冗余量、高可靠性、高效率、高稳定性的优点。先进的自动控制方式使该系统对交流缺相、直流输出过、欠压、过电流均有保护功能,同时可自动完成对电池的充电、均/浮充转换以及系统各种运行状态的监测、显示,故障状态下声光报警、远传通信功能。该产品主要适用于电力系统中的发电厂、水电站和各类变电站,用于断路器分合闸及二次回路中的仪器、仪表、继电保护和事故照明。

(1)SWRA 高频整流模块工作原理

高频整流模块由主电路、控制电路、检测电路和辅助电源组成。三相交流输入首先进入输入滤波电路,之后由全桥整流电路将三相交流电整流成直流,逆变电路把所整流出的直流变为稳定的直流电,控制电路根据电网和负载的变化,自动调整高频开关的脉冲宽度,使输出电压在任何允许的情况下都能稳定,如图5-7所示。

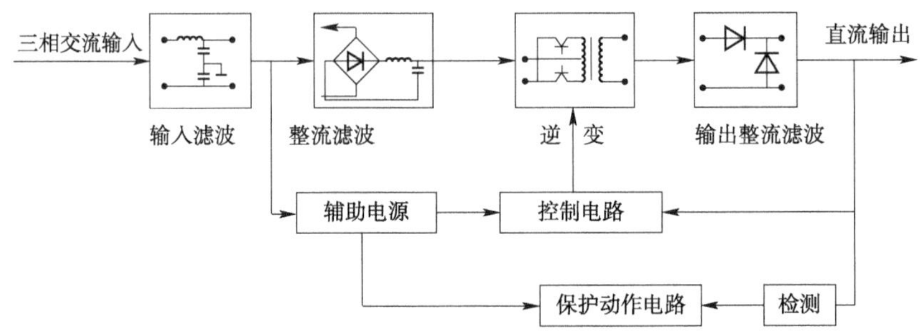

图5-7　高频整流模块工作原理

①主电路包括以下部分。

输入滤波器:其作用是将电网存在的杂波过滤,同时阻碍本机产生的杂波反馈到公共电网。

整流与滤波电路:将三相交流电源直接整流为较平滑的直流电,以供下级。

逆变电路:将整流后的直流电变为高频交流电,这是高频整流模块的核心部分。

输出整流与滤波电路:根据负荷需要,提供稳定可靠的直流电源。

②控制电路：一方面从输出端取样，经与设定的标准进行比较，然后去控制逆变器，改变其脉宽，达到输出稳定电压的目的；另一方面，根据测试电路提供的数据，经保护电路鉴别，提供控制电路对整机进行各种保护，如对交流缺相、直流输出过、欠压、过电流的保护。

③检测电路：除了提供保护电路中正常运行的各种参数外，还提供直流输出电流、电压等显示数据。

④辅助电路：提供所有单一电路的不同要求电源。

(2)高频整流模块更换的注意事项

①拔插高频整流模块前，应先将模块下方对应交流空气开关断开，并将模块面板锁置于打开状态。

②插高频整流模块时，应注意轻推、轻拔、轻放。

③在高频整流模块推入滑道并插入柜体后，在从柜体后方观察确认模块后方撞接端子接触紧密后，将模块前面板下方固定锁逆时针旋紧，并确定模块不能被拔出。

(3)故障模块的处理

①当个别模块出现输出过压时，先断开故障模块的交流输入开关，然后再合上，看模块是否能重新正常工作。

②若模块输出欠压指示灯常亮不能熄灭，其他模块正常输出工作，此时观察模块后边的撞接开关是否接触可靠。

③若故障依然存在，此时可以更换新模块。更换前，先将故障模块的交流输入开关断开，打开前面的锁，将模块推出，换上新模块，将锁锁好，合上模块交流输入开关。

2. 直流电源监控装置

直流电源监控装置采用集中控制原理，对直流系统的测量、监控及报警进行综合管理。装置由两部分组成，一部分为主机，另一部分为数据采集模块及其扩展模块，采集系统的模拟量和开关量。

3. 直流系统微机型接地选线监察装置

直流系统微机型接地选线监察装置具有两种功能，一是检测直流系统绝缘水平的绝缘监察功能，另一种是具有直流系统各馈出回路的接地选线的功能。

4. 阀控密封铅酸蓄电池组

目前阀控密封铅酸蓄电池在直流电源系统中应用最为广泛，阀控密封蓄电池通常由正极板、负极板、隔膜、电池槽、电池盖、安全阀、灰柳条、端子、电解液等组成。蓄电池结构如图5-8所示。

1)蓄电池组充电方式

蓄电池的充电方式通常有四种：初充电、浮充电、均衡充电和补充充电、核对性充放电。

(1)初充电

初充电是指新安装的蓄电池或大修中更换的蓄电池组的第一次充电。

(2)浮充电

浮充电时充电装置一方面向直流负荷供电，另一方面以很小的电流向蓄电池组补充充电，以补充蓄电池的自放电损失，使蓄电池组以满容量的状态处于备用。蓄电池组正常应以浮充电方式运行，这种方式可以随时保证蓄电池能在交流事故停电时有95%以上的容量，确保事故处理过程中的用电。

浮充电时的浮充电压和浮充电流的选择对蓄电池的使用寿命、对直流系统的安全可靠运行都具有十分重要的作用。浮充电压不应低于或高于规定的浮充电压,否则,会减少蓄电池的容量和寿命。

蓄电池在运行中,应严格防止发生过充电和欠充电的现象。因为,铅酸蓄电池过充电会造成正极板提前损坏,欠充电则会使负极板硫化、容量降低,多次欠充电会使极板的活性物质减少、容量减少,甚至破坏极板。

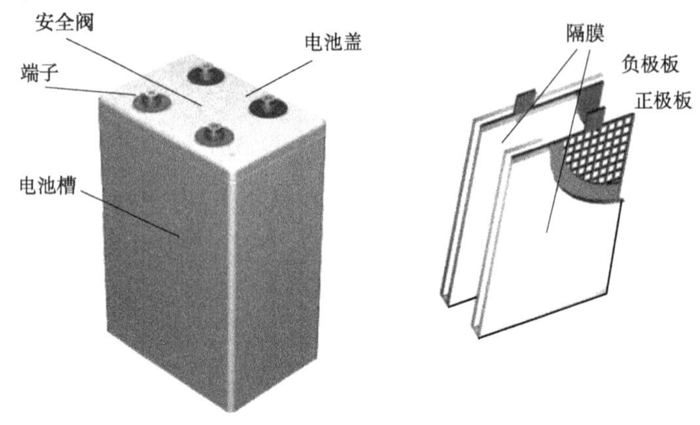

图 5-8　蓄电池结构图

(3)均衡充电和补充充电

蓄电池运营一段时间后发现单个电池电压不均衡时而进行的充电,称为均衡充电。蓄电池在事故时放电后或储存时间超过 2 个月的蓄电池为补充其静置时自放电损耗造成的容量损失而进行的充电,为补充充电。

均衡充电是为了消除蓄电池组在使用过程中产生密度、端电压等不均衡现象。而补充充电则是亏容后进行补充充电的措施。

随着运行时间的增长,由于每个蓄电池的自放电不相等,但浮充电流是一致的,结果就会出现个别蓄电池处于欠充状态。蓄电池出现的性能分散性可能影响到蓄电池组的可靠性,所以,为保证蓄电池组容量,应对蓄电池进行均衡充电。均衡充电采用恒流限压充电方式。

均衡充电一般定期进行,对于浮充电运行的蓄电池通常一季度进行一次。如遇下列情况之一,也需及时进行均衡充电。

①过量放电使电池端电压低于规定的放电终止电压 10.5V。

②放电后未及时进行充电。

③长期充电不足。

④用小电流长期深度放电。

⑤极板呈现不正常状态或有轻微硫化现象。

(4)核对性充放电

核对性充放电主要是对浮充电运行的蓄电池进行一次较大量的充放电反应,用于检查蓄电池的容量,发现落后的蓄电池并及时维护处理,以保证蓄电池的正常运行。核对性充放电是检查蓄电池容量以及发现电池问题的一个比较可靠和有效的手段。核对性充放电具体方法如下:

①当变电所配置一组蓄电池时,不能退出运行,也不能做全核对性放电,只能用 $1.0I_{10}$ 恒流放出额定容量的 50%,蓄电池端电压不得低于 12.0V。放电后,立即用 $1.0I_{10}$ 恒流充电—

恒压充电—浮充电，反复放充 2 ~ 3 次，电池组容量可得到恢复，电池存在的缺陷也能找出，并作处理。

②当变电所配置二组蓄电池时，可先后对两组蓄电池组进行全核对性放电，不会影响直流操作电源系统正常运行。用 $1.0I_{10}$ 恒流放电，当电池组端电压下降到 10.5V 时，停止放电，隔 1 ~2h 后，在用 $1.0I_{10}$ 进行恒流充电—恒压充电—浮充电，反复放充 2 ~ 3 次，蓄电池存在的问题能够查出，容量也可得到恢复。若经过 3 次全核对性放充电，蓄电池组容量均达不到额定容量的 80% 以上，可以认为此组蓄电池使用年限已到，应进行更换。

核对性充放电周期：新安装或大修后蓄电池组应进行全核对性充放电试验，以后每隔 2 ~ 3 年进行一次核对性试验，运行 6 年以后的蓄电池，应每年作一次核对性充放电试验。

蓄电池在核对性充放电时，禁止用小电流进行放电。因为用小电流放电时，在放电过程中酸与水的置换过程进行得较慢，正、负极板深层的物质将有可能参与反应而变成 $PbSO_4$。放电电流愈小，这一反应就愈深。再次充电时，用较大的电流进行，其充电的化学反应就比较剧烈，极板深层的 $PbSO_4$ 就不能还原为 PbO_2 和海绵状 Pb，这样，在正、负极板的内部就留有 $PbSO_4$ 晶块，时间愈久，愈不易还原。经常以这样的方式进行充放电，极板深层的 $PbSO_4$ 晶块就会逐渐加大，造成极板有效物质脱落。另一方面，蓄电池定期放电检查落后蓄电池的作用，用小电流放电达不到这一目的。所以，做蓄电池核对性充放电时，一定要用 $1.0I_{10}$ 电流进行，不能用小电流，尤其不能用小电流放电，而用大电流充电。

2）蓄电池放电

蓄电池放电通常分为直流操作电源系统的交流电源消失的事故放电和全核对性放电。

3）蓄电池的运行维护

（1）蓄电池组的运行方式及巡视内容

蓄电池组在正常运行中，主要监视电池组端电压、每只单体电池的电压值、电池柜内的温度、浮充电压、浮充电流、电池组及直流母线的对地电阻和绝缘情况。

除巡视以上运行参数外，还应包括电池连接线有无腐蚀现象和松动、壳体有无渗漏和变形、极柱与安全阀周围是否有酸雾溢出等。

（2）日常维护工作

每周应测记一次电池组电压、单体电池的电压。电池柜内温度蓄电池组中，各蓄电池的开路电压最大最小电压差值不应超过 0.6V，蓄电池在正常浮充状态下运行，蓄电池端电压与平均值的偏差不应超出 +0.2V 或 -0.1V 的范围。

蓄电池长期工作在浮充运行方式下，仅从一支电池的端电压来判断电池的现有容量、内部是否失水和干裂是很难的。最可靠的办法是通过核对性充放电试验来查找判断电池存在的问题。

（3）阀控蓄电池的故障及处理

阀控蓄电池壳体异常：充电电流过大、充电电压超过了 14.4V、内部有短路或局部放电、温升超标、阀控失灵。处理方法：检查充电电流、充电电压的设定值、智能充电机是否故障，检查安全阀是否堵死。

运行中浮充电压正常，但一放电，电压下降到终止电压值。原因是蓄电池内部失水干涸、电解液变质。处理方法是更换电池。

蓄电池在浮充方式运行时测量的电压为 0V。原因是电池内部正负极板有短路。处理方法是更换电池。

4)异常现象及排除方法

电源装置发生异常现象时，请按照处置方法排除。不明白的地方请向技术人员询问。

(1)警报发生后的处置

一旦有故障发生，记住以下处置办法：

①在故障警报指示状态下，记录警报内容和设备的出厂编号。

②按下消音键，蜂鸣器停止发音。

③在"警报内容一览表"中查找处置方法编号，按"处置方法一览表"中的处置方法排除故障。

④警报原因排除后，自动恢复原始状态。

(2)处置方法一览表(表5-1)

处置方法一览 表5-1

报警内容	故障原因	处置方法
控制母线过压	控母调压装置未动作	将控母调压装置投入使用
	充电装置输出电压高	将充电装置输出电压降低
控制母线欠压	控母调压装置未动作	将控母调压装置投入使用
	充电装置输出电压低	将充电装置输出电压升高
	蓄电池电压低	补齐蓄电池容量
充电母线欠压	充电装置停机	启动充电装置
	充电装置输出电压低	将充电装置输出电压升高
合闸母线欠压	蓄电池电压低	补齐蓄电池容量
蓄电池放电终止	蓄电池电压低于放电终止电压	减少负荷或停止全部负荷
蓄电池温度异常	蓄电池环境温度过高	对周围环境温度进行降低的处置
	浮充电压过高	降低浮充电压
	蓄电池内部短路	更换蓄电池
蓄电池单只故障	单只电池电压偏差大	立即进行均衡充电
交流开关跳闸	交流回路内部短路	请先再试投一次，若在发生此情况请与产品公司联系
直流开关跳闸	直流回路内部短路	请先再试投一次，若在发生此情况请与产品公司联系
负荷开关跳闸	馈出回路短路	查清出线短路点，立即排除
交流故障	交流电源失电或缺相	立即恢复正常交流电源
直流接地	馈出回路外部绝缘能力降低	逐一断开开关，查清何路何处
	电池回路绝缘能力降低	检查蓄电池是否漏液
	直流回路绝缘能力降低	请与产品公司联系

单元思考题

1. 常用的低压配电形式有几种?

2. 调度编号"445"是指什么电气设备？在城轨供电系统中的什么位置?

3. 城轨400V系统有几种运行方式?

4. 400V系统主要巡视内容有哪些?

5. 交直流操作电源有哪些主要作用?

单元六　城市轨道交通牵引供电其他设备

【知识目标】

1. 了解杂散电流的危害,掌握杂散电流的形成与防护措施;
2. 了解钢轨对地电位过高的原因与危害,掌握钢轨对地电位异常升高的防护措施;
3. 了解再生制动能耗的方法。

【能力目标】

1. 能够正确运用杂散电流防护原则与监测;
2. 能够正确理解并运用钢轨对地电位异常升高的防护措施;
3. 能够正确理解再生制动能耗的工作原理。

【素质目标】

1. 通过杂散电流防护的学习,培养学生安全生产无小事的认识;
2. 通过钢轨电位超高危害的学习,培养学生善于观察的能力,树立安全第一的观念;
3. 培养学生节能环保意识。

课题一　杂散电流防护

一、杂散电流的形成

直流牵引供电系统在理想的状况下,牵引电流由牵引变电所的正极出发,经由接触网、电动列车和回流轨(即走行轨)返回牵引变电所的负极。但由于钢轨与隧道或道床结构之间的绝缘电阻不是无限大,这样势必造成流经牵引轨的牵引电流不能全部经钢轨流回牵引变电所的负极,有一部分的牵引电流会泄漏到隧道或道床等结构钢上,然后经过结构钢和大地流回牵引变电所的负极。这部分泄漏电流因大地土壤的导电性质及地下金属管道的位置不同,可以分布很广,故称为"迷流"或"杂散电流"。图 6-1 所示为直流牵引杂散电流。

由图 6-1 可见,在牵引变电所回流线与钢轨相接的回流点处,地下迷流流回到牵引变电所。当轨道沿地下有金属管道或建筑物钢筋等导电物时,地下迷流必多沿金属导体流动,到了回流点附近再流向钢轨流回变电所。因此,在回流点附近的金属管道形成了阳极区,而且阳极区总是在回流点处不动，这就使阳极区内的金属物正离子流向大地，发生电解腐蚀现象，从而损坏金属。

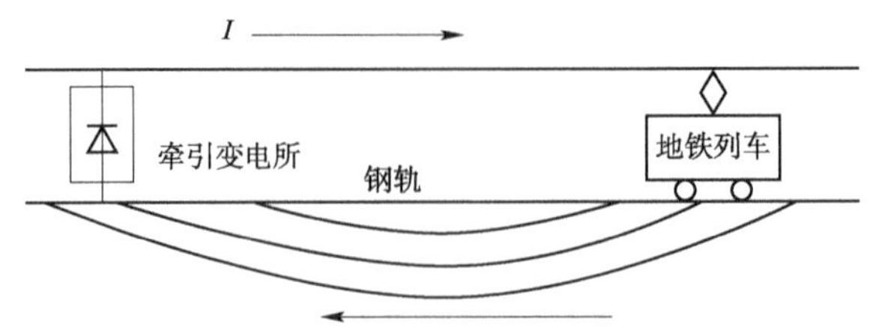

图 6-1　直流牵引地下杂散电流

当接触网为“负”极性时，阳极区与阴极区将转变，阳极区将随着列车的移动而移动，这样阳极区是不固定的，金属物的腐蚀现象较均匀，情况不会太严重。当然，接触网的选择不仅取决于此，目前还是以“正”性为多。

二、杂散电流的危害

城市轨道中的杂散电流是一种有害的电流，会对城轨中的电气设备、设施的正常运行造成不同程度的影响，对隧道、道床的结构钢和附近的金属管线也会造成伤害。这种危害主要表现在如下几个方面：

(1)若地下杂散电流流入电气接地装置，会引起过高的接地电位，使设备无法正常工作。

(2)对城市轨道隧道、道床或其他建筑物的结构钢以及地下的金属管线（如电缆、金属管件等）造成电腐蚀，缩短其使用寿命。城轨线路附近建筑物结构钢筋、金属管线腐蚀城轨线路沿线的地下金属体埋于地下，周围有电解质存在，在没有杂散电流通过时，这些金属体所承受的渗透压与溶解压通常会保持平衡状态，不会发生电化学腐蚀。但当这些金属体中流过杂散电流时，这些金属体所承受的渗透压与溶解压的平衡状态就会被打破，就要发生电化学腐蚀。

(3)给城轨的安全运营带来影响。若钢轨（走行轨）局部或整体对地的绝缘变差，则此钢轨（走行轨）对大地的泄漏电流增大，地下杂散电流增大，这时有可能引起牵引变电所的框架保护动作。而框架保护动作则会导致整个牵引变电所的断路器跳闸，全所失电，同时还会联跳相邻牵引变电所对应的馈线断路器，从而造成较大范围的停电事故，影响城轨的正常运营。

(4)危及城轨乘客的安全。城轨钢轨除了作为牵引回流的通路与牵引变电所的负极相连外，还与屏蔽门相连，起屏蔽门框架保护作用。若走行轨某处或局部与大地间的绝缘比其他地方低，则该处的轨电位就会较低，而其他地方的轨电位会被抬高，造成部分地方的轨电位异常，甚至超过正常允许值。虽然在变电所内安装有轨电位限制装置，当走行轨的电位达到其整定值时，轨电位装置会强行将走行轨接地，以限制轨电位继续升高，但是这样的电位仍然会对乘客的安全构成威胁。

三、杂散电流的防护

可以采取增加轨道与大地间的绝缘、降低走行轨道的电阻、缩短变电所之间的距离、金属管道远离轨道线路和其他专门的“电保护”等措施使轨道电流少流入大地，即使流入大地，也少流向地下金属物。如有已经流入地下金属物的电流，也使其在地下回流点处专设“电旁泄”直接流回变电所，不形成腐蚀阳极区。所谓“电旁泄”是一种专设的电流通道，它保证杂散电流从被保护建筑物回流入钢轨网、牵引变电所回流线或者直接流入与钢轨网相连的牵引变电所母线,使地下建筑物处于阴极状态。

1. 杂散电流的防护原则

为了改善地下电流造成的迷流腐蚀问题,应采取“以堵为主,以排为辅,防排结合,加强监测”的原则。

(1)“堵”就是隔离和控制所有可能的杂散电流泄漏途径,减少杂散电流进入城市轨道的主题结构、设备及可能与其相关的措施。

(2)“排”就是通过杂散电流的收集及排流系统,提供杂散电流返回至牵引变电所负母线的通路,防止杂散电流继续向本系统外泄漏,以减少腐蚀。

(3)监测。设计完备的杂散电流监测系统,监视、测量杂散电流的大小,为运营维护提供依据。

2. 杂散电流防护的措施

(1)降低走行轨对地的电位

钢轨本身具有电阻,当电流流过钢轨时,在电阻上产生电位差,因钢轨对地绝缘电阻不可能是无穷大,会产生有电位差和杂散电流。所以要降低杂散电流的数量就要降低走行轨对地的电位。

可以增加走行轨的长度,减小钢轨的电阻。城轨列车走行钢轨同时作为牵引列车回流用,因此,钢轨阻抗越小,从钢轨向外流失的杂散电流也越小。减少钢轨阻抗的有效方法是采用长钢轨,钢轨越长,钢轨接头就越少,钢轨的阻抗也就越小。

牵引供电系统采用双边供电方式。正常运行方式采用双边供电,事故状态(一座牵引变所解列)时,也应采用大双边供电方式。因为双边供电比起单边供电来有很多优点,降低走行轨对地电位就是其中之一。无论是轨道中平均电压损失,还是最大电压损失,双边供电都为单边供电的1/4~1/3,即双边供电轨道对地电位为单边供电时的1/4~1/3,双边供电杂散电流降低为单边供电时的1/4~1/3,好处是显而易见的。

(2)增加走行轨对地的过渡电阻

走行轨绝缘安装。安装走行轨时,在其混凝土垫块上安装绝缘垫;固定走行轨用绝缘螺栓,加大走行轨对地的绝缘电阻,使每个绝缘垫的绝缘电阻在4MΩ以上,走行轨敷设完毕时应当为15MΩ·km以上,这样可以保证对杂散电流的抑制符合规程要求。

道床的排水沟设在列车运行方向的右侧。混凝土道床的潮湿与干燥,对其电阻率影响很大,因此,保证混凝土整体道床的干燥是提高走行轨对地过渡电阻的有效措施。城轨过去的通常做法是将排水沟设在两轨之间,这样就会使走行轨下道床潮湿,降低了走行轨对地的过渡电阻,因而加大了杂散电流的泄漏。若把排水沟移到行车方向的右侧,就可避免这一弊端,使道床干燥,增加过渡电阻,减小杂散电流。

(3)敷设杂散电流收集网

在走行轨下,整体道床中敷设网状钢筋,纵向连通,通过排流柜引向牵引变电所的负极,这样使泄漏至道床的杂散电流被收集网回收,避免其流向结构,以减小对结构钢的腐蚀。收集网的纵向钢筋的总截面积不小于$1600mm^2$。

3. 排流保护措施

排流法就是将金属结构中的杂散电流人为地使之直接回流到钢轨或变电所负极,其连接导线称为排流线。排流法又可分为直接排流法、极性排流法、强制排流法 3 种，如图 6-2 所示。其中极性排流法方法在城轨系统中应用最为广泛有效。

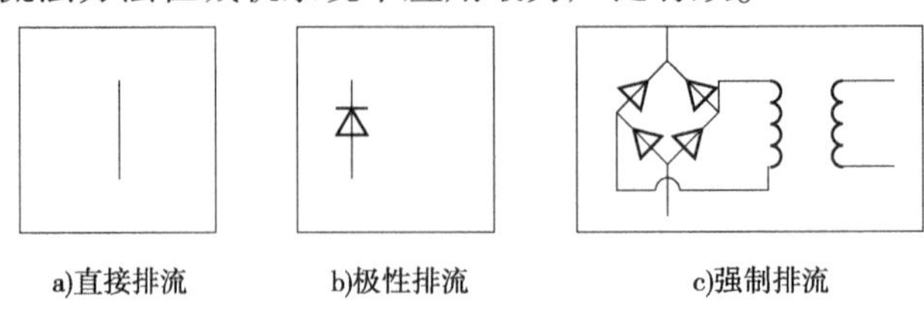

a)直接排流　b)极性排流　c)强制排流

图 6-2　排流法示意图

4. 杂散电流的监测

城轨牵引回流泄露的情况和地下金属结构受杂散电流腐蚀的程度，必须进行专门的测量工作。城轨结构与设备受杂散电流腐蚀的危险性指标，应由结构表面向周围电解质泄漏的电流密度和由此引起的电位极化偏移来确定。杂散电流密度难以直接测量，一般是通过测量由杂散电流引起的结构的电位极化偏移值来判断设备受杂散电流腐蚀的情况来确定。所监测的参数有轨道电压、地下金属结构的极化电位、轨道过渡电阻和轨道纵向电阻等。

杂散电流测量点一般设置在城轨沿线的车站站台的两侧进出站信号附近、回流点处、走行轨分断点处、城轨桥梁两段、城轨的尽头线和线路与车辆段的连接坡道处，并定期对监测点进行检查维护。

四、上海城轨、深圳城轨杂散电流防护案例分析

1. 上海明珠线杂散电流防护系统

上海明珠线杂散电流防护系统采取的主要措施是建立畅通的牵引负极回路、回流轨采用绝缘垫、对城轨的各种管线及设备采取绝缘措施、利用整体道床内的结构钢筋构成杂散电流收集网。

监测系统是由杂散电流收集网测量端子、埋置式参比电极、测量信号电缆、数据转换箱以及微机监测装置构成。每个车站有 3 对测量端子，分别与城轨沿线测量端子和参比电极连接后，经过电流排架引到变电站内的数据转换箱。微机与数据转换箱连接，对各监测点的电位进行实时监测。

2. 深圳城轨的杂散电流防护系统

深圳城轨杂散电流防护系统的防护原则是“以堵为主，以排为辅，防排结合，加强监测”。“堵”的措施是有钢轨下加绝缘垫、使用绝缘扣件、枕轨下加绝缘垫、道岔处加强绝缘等。“排”的措施是将每个道床结构段内部的纵向钢筋搭接处以焊接方式连接，形成主要的杂散电流收集网；同时将隧道结构钢筋实现可靠焊接，形成辅助杂散电流收集网；车辆段引入线与正线间、停车库内钢轨与库外钢轨间设单向导通设备。“监测系统”是由参考电极、整体道床测量端子、车站隧道测量端子、信号电缆、信号测量端子箱、信号盒及微机综合测试装置构成。

课题二　钢轨电位限制装置的运行

在城轨直流牵引系统中，钢轨起到列车电流负回流线的作用。由于钢轨采用浮地方式安装，且钢轨自身存在阻抗，所以，在一个供电区间有列车通过时，会在该区间的回流轨上产

生一个对地的电位差,一般称之为钢轨电位。

一、钢轨对地电位高的成因

1. 正常运行状态下,列车牵引电流的变化

轨道交通中,列车的运行方式可以分为加速状态、匀速状态、制动状态。当列车处于加速状态时,所需的牵引电流较大,流过钢轨的电流会很大,则钢轨对地电压也比较大。列车间隔时间短、运行车辆多,会导致钢轨回流加大,引起钢轨对地电位升高(正值或负值)。

2. 当发生以下故障时,会引起钢轨对地电位的陡升

接触网与钢轨发生短路,接触网对架空地线(地)发生短路故障,直流设备发生柜架泄漏故障,牵引变电所整流变压器二次侧交流系统发生单相接地短路。

导致钢轨对地电位异常升高的原因还有很多,与牵引供电电压等级、列车参数、牵引负荷电流、牵引所间距、钢轨周围的环境、土壤的潮湿度等因素相关。

二、钢轨对地电位过高的危害

目前,很多城轨存在钢轨电位异常升高的问题,钢轨电位过高,会导致线路的钢轨电位限制装置(OVPD)的短时合闸,甚至永久合闸。合闸时,电流会从 OVPD 泄入大地,而这对降低杂散电流腐蚀非常不利。杂散电流会腐蚀埋地金属管线、城轨附近混凝土钢筋结构以及城轨设施等设备与建筑,长期腐蚀会造成严重后果。

当列车停靠站台,乘客进出车厢时会触摸金属车体,且当人多拥挤时,乘客身体接触车体的时间还会较长。此时,如果走行轨上出现过高电位,乘客有受到电击的危险。

三、钢轨对地电位异常升高的防护措施

1. 优化总牵引电流

可以对总牵引电流进行优化,通过调整列车的停站时间、减少多列车启动重合度,降低总牵引电流冲击值,进而降低钢轨电位。

2. 采用框架保护装置

框架保护装置主要用于当直流设备正极对设备外壳发生短路时,启动相应断路器跳闸,快速切除故障,使供电设备免遭损坏。它主要由电流、电压测量元件组成。电流测量元件一端接设备外壳,另一端接地,用于检测外壳与地之间流过的故障电流。电压测量元件用于测量设备外壳与直流设备负极之间的电压,一端接于负极,另一端接设备外壳。

当任意一个直流设备内正极对外壳短路时,接地电流通过电流测量元件流入地网,再通过钢轨与地之间的过渡电阻(或排流柜)回到钢轨(负极)。当接地电流达到整定值时,框架保护的电流元件动作;同时,电压测量元件检测负极与设备外壳间的电压值,当电压大于整定值时,电压元件在整定的时间内动作,使相应的交、直流断路器跳闸,切除故障。

3. 采用钢轨电位限制装置

钢轨电位限制装置,又称短路装置,用以限制运行轨电位,避免超出安全许可的接触电压的发生,这是国际上通用的一种保护人身安全的防护措施。当发生超出安全许可的接触电压时,此钢轨电位限制装置就将钢轨与大地快速短接,从而保证人员和设施的安全。同

时，兼有监测回流电路电位的功能（表6-1）。钢轨电位限制装置工作如图6-3所示。

钢轨电位限制装置监测对大地的电位功能 表6-1

<table>
<tr><th>功能</th><th>定值电压</th><th>动作类型</th><th>动作过程</th><th>复位情况</th><th>备注</th></tr>
<tr><td>一段电压保护U ></td><td>90V</td><td>合接触器</td><td>当检测电压大于90V，动作延时0.8s后，将接触器闭合，闭合10s后自动复归。如果在60s内动作三次，接触器闭锁</td><td>动作后经过延时自动复归；闭锁后必须就地复归（或远方复归）</td><td rowspan="4">就地复归的方法是按面板上的“闭锁/复位”带灯按钮</td></tr>
<tr><td>二段电压保护U>></td><td>150V</td><td>合接触器</td><td>当检测到电压大于150V，无延时动作闭合接触器，接触器闭锁。动作后必须手动复归</td><td>允许就地复归（或远方复归）</td></tr>
<tr><td>三段电压保护U>>></td><td>（600±50）V</td><td>晶闸管导通±合接触器</td><td>当检测到电压大于（600±50）V，晶闸管首先导通，电流继电器使接触器无延时动作闭合，动作后必须手动复归</td><td>首先复归电流电器上的红色按钮，然后才允许就地复归</td></tr>
<tr><td>低电压保护U<</td><td>5V</td><td>故障报警</td><td>当检测电压小于5V，经24h延时后，系统报故障（“装置故障”“闭锁/复位”指示灯都亮），同时闭锁输出。需按复位按钮手动复归</td><td>必须就地复归</td></tr>
</table>

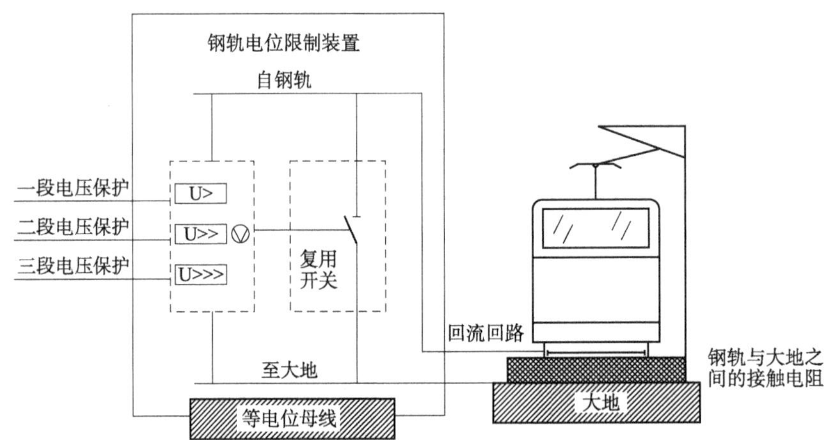

图6-3 钢轨电位限制装置工作

轨电位的动作装置为复用开关，由接触器及晶闸管模块构成，正常状态下合闸线圈受电，接触器在断开位，同时晶闸管处于截止状态。钢轨与大地之间的电压由电压测量模块检测，并上传至PLC显示，而U>、U>>、U<电压继电器、晶闸管模块及U>>>电流继电器，为判断电压并执行相应动作。钢轨电位限制装置工作原理如图6-4所示。

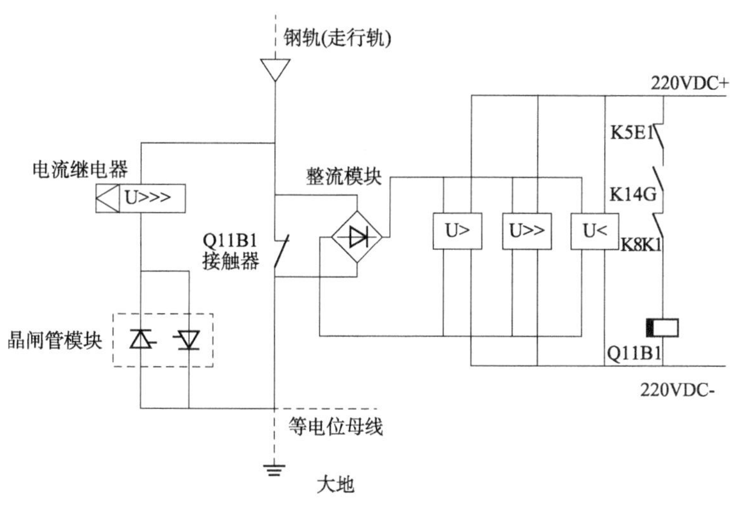

图 6-4　钢轨电位限制装置工作原理

课题三　再生制动能耗的方法

随着我国城轨建设的迅速发展,城轨及轻轨电动客车控制技术也得到长足的进步。由于列车在制动时,会向电网回输能量,造成电网电压抬高,对于供电设备的稳定运行不利,所以就需要有装置将列车回馈的能量消耗掉,以维持电网电压的稳定。目前,采取在车辆上安装能量消耗装置,将制动能量消耗掉的方式,但是这样会增加车辆负担,且对于城轨来说会导致隧道内温度升高。在国外,为减少车载设备,抑制城轨洞内温度的升高,一般不在车上设置全功率电阻制动装置,而在运营线的每个供电所设置一套总的功率吸收设备。

牵引电站再生制动能量消耗装置是城轨交通供电控制系统的重要组成部分,解决了车辆在制动时向接触网反输能量,造成网压过高危害设备的问题。由于是在地面固定安装,同时也解决了电阻发热造成隧道升温的问题,使车辆再生能量消耗在地面空间。目前,该设备在国内城轨中已有多例运用。广州城轨四号线已经开通,再生制动能量消耗装置发挥了重要作用。

一、再生制动能耗装置工作原理

再生制动能耗装置工作原理如图 6-5 所示。当城轨车辆处于再生制动工况,产生的再生制动能量不能完全被其他车辆和本车的用电设备所吸收时,能量消耗装置立即投入工作,吸收掉多余的再生能量,使车辆再生电流持续稳定,最大限度地发挥电制动功能;当供电区间有车辆起动或加速需要取流时,把动能转化为电能,把储存的能量释放出来,回馈供电电网,满足供电需求。

当城轨供电网压在容许波动范围内时,装置处于基本工作状态;当车辆再生制动时,回馈电网能量,引起供电网压高于某一设定值时,装置开始从电网吸收能量,通过 IGBT 变换,直流电网的直流电通过逆变成三相交流电,供给同步电机;当网压减低到网压正常波动上限值时,装置停止能量储存过程。当车辆起动或加速时,电网网压低于正常波动下限,装置开始向电网供电,同步电机转换为发电机工作,当网压回升到容许波动范围,装置停止向电网供电。

通过检测供电电源的外特性及电流的极性,可准确地判断能量消耗装置投入工作的时间,检测外特性及电流如图6-6所示。

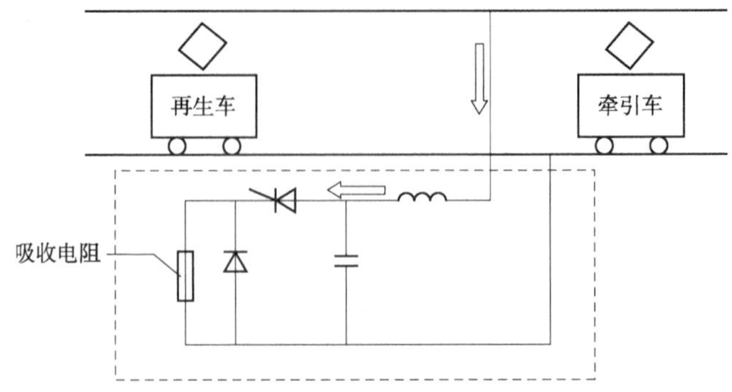

图6-5 再生制动能量消耗装置工作原理

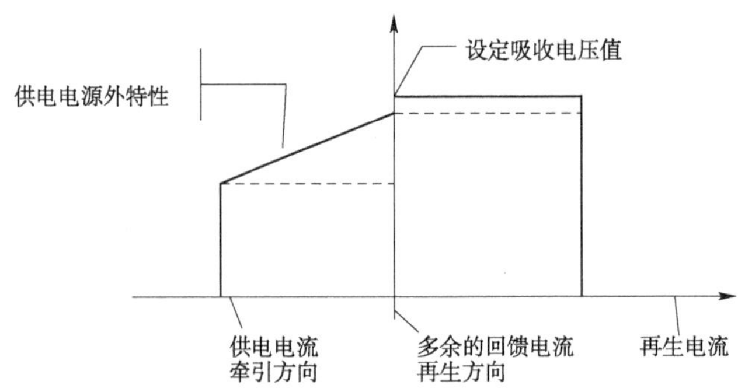

图6-6 供电电源的外特性及电流的极性检测

二、再生制动能量吸收转化的主要方法

吸收装置主要采取恒压吸收和逆变吸收两种方式。恒压吸收装置采用斩波器和吸收电阻配合,根据再生制动时线网电压的变化状态,调节斩波器导通比,从而改变吸收功率,将线网电压恒定在某一设定值范围内。逆变吸收装置则是利用电力电子器件构成逆变器,将直流电逆变成工频交流电,馈送交流电网。由于该交流电谐波分量较大,所以必须设置谐波抑制器和功率补偿器。装置控制部分一般采用单片机系统或一台工控机实现控制和显示。装置均以柜式箱体布置,视吸收功率的大小由若干个控制柜组成。

目前,城轨主要采用VVVF动车组列车,其制动一般为电制动和空气制动相结合。在制动过程初期,列车速度较快,采用电制动(电阻制动和再生制动);而当速度减小到电制动不起作用时,则利用空气闸瓦制动方式,将剩余的机械能通过机械摩擦转化为热能。

这种制动方式虽然现在被普遍使用,但其存在明显的弊端:

(1)再生制动产生的能量直接馈到直流母线上,当电能无法被相邻列车吸收时,导致母线电压升高,对牵引变压设备造成冲击。

(2)电阻制动的实质是将制动过程中吸收的电能通过电阻负载转化为热能释放,这样会造成隧道环境温度升高,甚至需要外加的散热设备,进一步增加了能耗。

当前,城轨制动能量再生吸收方案主要有耗散型、储能型、逆变回馈型。

1. 耗散型再生吸收方案

该方案将直流母线电网多余的能量消耗在电阻负载上，以热能的形式耗散掉，从而维持电网电压的稳定。其中，耗散电阻多装在地面上，从而减轻机车的散热及装载压力。电阻负载在制动过程中会释放大量热量，使周围环境温度升高，必要时还需要加装散热设备。虽然这种方案有利于减小机车机械制动装置的磨损，但从能力的利用角度来看，该方案并没有很好地实现能量的可再生利用。工作原理如图 6-7 所示。

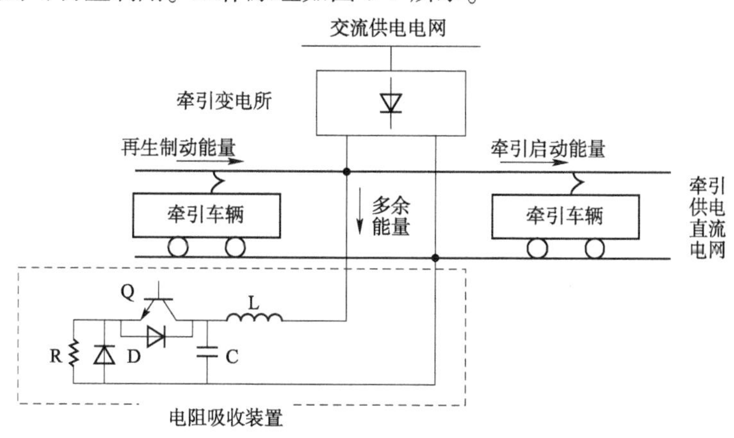

图 6-7　耗散型可再生制动原理

2. 储能型再生吸收方案

储能型再生吸收方案主要是经过变换器，将直流母线中多余的再生制动能量吸收，并存储在储能设备中。常用的储能方式主要有电池储能、飞轮储能、电容储能，对几种储能方式对比，如表 6-2 所示。

几种储能方式比较　　表 6-2

储 能 类 型	能量密度(kW·h·m^{-3})	功率密度(kW·mm^{-3})	效率(%)(24h)	寿命(年)
铅酸电池	70.7	106.0	92	3
高速飞轮	424.0	17666.8	89	20
超级电容	53.0	1767700	94	20

从表 6-2 可以看出，超级电容功率密度高、效率高、寿命长，相比前两种储能方式具有明显的优势。飞轮储能需要设置体积庞大的飞轮机械装置作为储能设备，应用较少。电池储能需要对电池频繁地充放电，会降低电池寿命，而且电池容量有限，储能有限。当然无论是哪种储能，对储能设备的容量要求都是很高的。

3. 逆变回馈方案

采用大功率晶闸管三相逆变器，直流侧与牵引变电所直流母线相连，交流侧与交流母线相连，当再生制动使直流母线的电压超过设定值时，逆变器启动，将多余的制动能量回馈到电网中。逆变回馈吸收方式原理如图 6-8 所示。

再生制动能量回馈可以通过晶闸管有源逆变、PWM 逆变和脉宽调制可逆整流三种方式实现。

(1)晶闸管有源逆变：晶闸管通流能力强，适合于高功率工况，而且其驱动电路和保护电路都比较简单，价格低廉。不过，由于其为电流驱动，所以开关损耗较大，而且该方案对电网电压、电流波产生畸变影响,并且使功率因数降低,增加了谐波和无功治理成本。

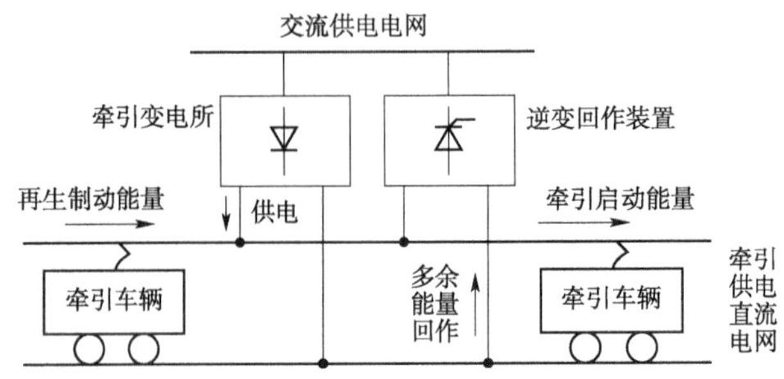

图6-8　逆变回馈吸收方式原理

(2)PWM(Pulse Width Modulation)逆变:随着全控型器件的出现和发展,半导体的器件开关频率越来越高,集成度也越来越高,如GTR、MOSFET、IGBT采用高频开关器件实现的变换器具有谐波含量小、控制方法灵活并且动态性能好等优点。基于PWM并网逆变器的再生制动能量吸收方案基本原理如图6-9所示。

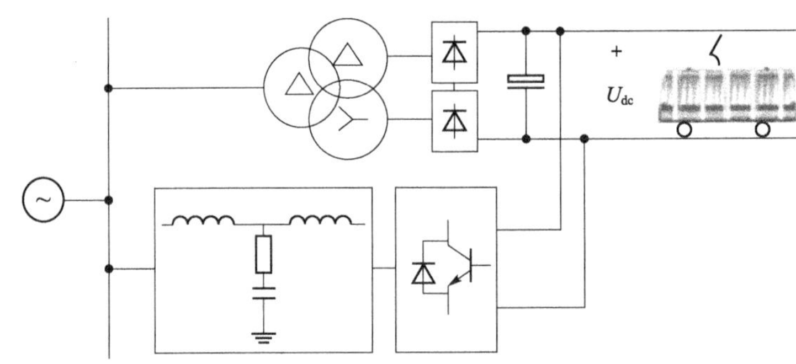

图6-9　PWM并网逆变器的再生制动能量吸收方案原理

这种方案不但可以在机车再生制动时,稳定直流侧电网,而且与晶闸管有源逆变相比,还有如下优点:

①交流电网侧采用电感滤波,并且交流电流谐波含量小,电压、电流畸变小,对电网的谐波污染小。

②入网功率因数高,并且不因回馈功率变化而变化。

③开关频率比较高,动态性能好,滤波更容易,滤波装置的体积可以设计得更小。

(3)PWM可逆整流器:由于牵引变电所中的整流器不允许电能反向传输,所以当直流母线中的能量超过总负载所消耗的能量时,电网电压会升高,对与电网连接的设备造成冲击,因此需要将多余的能量吸收掉。

PWM可逆整流器允许能量双向流动,能够使电网电压在设定范围内维持稳定。常见的PWM整流电路结构与并网逆变器结构相同,其工作原理如图6-10所示。采用PWM可逆整流器的牵引变流所除了具有输入高功率因数、低谐波含量、动态响应快以及可以吸收再生制动能量以外,与其他回馈式方案相比,在车辆加速启动时还可以调节直流电网电压,提高车辆电机的调速运行性能,另外,还可增加牵引变流器的供电区间,减少变电所的数量。

由于这种直流牵引变电所自身具有回馈能力,不需要增加逆变装置,可以节省运营成本。PWM整流器良好的输入输出特性符合城轨发展的需求,应用前景较为广阔。

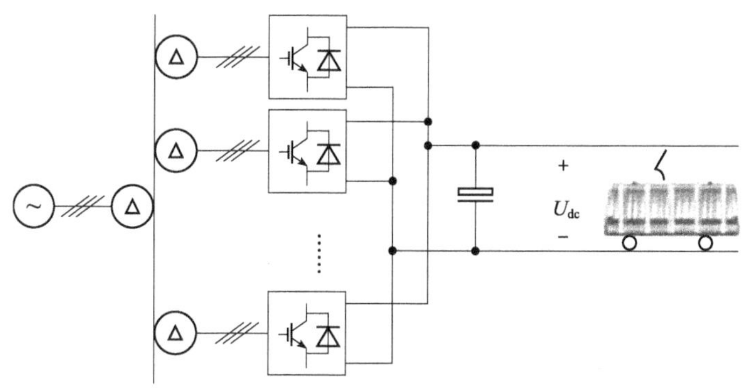

图 6-10 PWM 可逆整流再生制动能量吸收工作原理

(4)储能—逆变回馈复合方案结合了双向直流变换器和并网逆变器,基本原理图如图 6-11所示。其主要有三个工作状态:

状态一:城轨列车制动期间,当直流母线电压高于一定值时,断路器 1 和断路器 2 闭合,双向直流变换器运行于 Buck 模式,占空比由零过渡到全导通,将制动能量转为采用超级电容储能;同时,三相变流器工作,以额定功率向电网回馈能量。

状态二:城轨列车非制动期间,断路器 1 开,而断路器 2 闭合,双向直流变换器运行于 Boost 模式;同时,三相变流器工作,以额定功率电网回馈能量,减少超级电容储能,降低电容电压,为下一制动过程做好储能准备。

状态三:城轨列车牵引期间,直流母线电压下降,此时,断路器 1 闭合,而断路器 2 开,双向直流变换器运行于 Boost 模式,超级电容向直流母线提供能量,维持母线电压平衡。

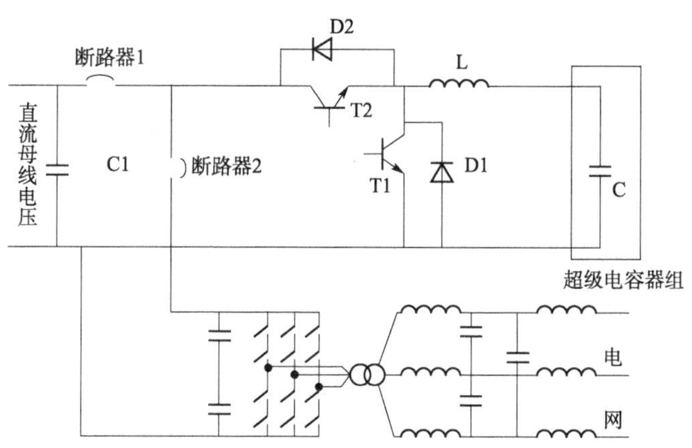

图 6-11 储能 逆变回馈复合基本原理

这种方案具有以下特点:在非制动期间,电容能够向电网回馈能量,使并网逆变连续,从而减小对电网的冲击。由于在非制动期间电容放能,电压降低,有利于下次制动过程对能量的吸收,在一定程度上可以减小电容容量。在制动期间,直流母线上的能量可以部分回馈到电网,减小了对储能电容容量的要求。

对城轨再生制动能力吸收问题的研究具有重要的现实意义。制动能量方案不但可以节约电能、保护环境,同时可以降低城轨运营成本,促进公共交通的进一步发展。通过对多种方案的研究,可以发现,并网逆变的吸收方式不受储能容量的限制,可以与牵引系统良好结合,是很有潜力的吸收方案。电力电子技术对推动制动能量的可再生利用发挥着重要作用,进一步提高变换器的变换性能以及多种变换器进行组合应用将成为未来再生制动的重要研究方向。

单元思考题

1. 杂散电流是如何形成的？有什么危害？
2. 钢轨电位限制装置在城轨供电系统中的作用是什么？
3. 再生制动能耗对供电系统有什么影响？
4. 电能回馈是直流回馈，还是交流回馈？

城市轨道交通牵引供电系统

课程参考标准

（学制四年）

一、课程性质与任务

本课程是城市轨道交通供电专业的骨干核心课程，是设备运行检修、供电自动化等其他后续课程学习的基础前提，是学生认识、掌握并运行城市轨道交通牵引供电系统的重要支撑。

通过本课程的学习，使学生熟悉城市轨道交通牵引供电的组成与功能，掌握牵引供电的电源10kV系统的组成，熟悉牵引变电所电气主接线的形式，掌握牵引供电10kV系统的调度编号规则，掌握牵引供电10kV系统正常与非正常运行的方式；熟悉城市轨道交通直流供电系统的组成，掌握直流供电系统的电气主接线；熟悉直流供电系统的运行方式；熟悉城市轨道交通牵引供电网的分类机组成，掌握其供电方式；熟悉城市轨道交通牵引供电低压配电系统及操作电源的功能和作用，熟悉400V系统的主接线，掌握其运行方式及；熟悉城市轨道交通牵引供电其他相关设备（杂散电流防护、钢轨电位限制、再生制动等）的功能和作用。在学习的过程中，培养学生遵章守纪、沟通合作方面的养成教育，培养学生养成变电站值班运行、巡检的安全意识、岗位职责意识和团结协作意识，使他们在变电所值班、巡检的过程中形成分工明确、认真负责、胆大心细的职业素养。

本课程按照《城市轨道交通供电专业实施性教学方案》课时分配，计划安排在第四学期实施。

二、参考课时

96学时

三、课程学分

5学分

四、课程目标、内容、考核标准

要素	描　述
典型职业岗位	城轨变电站值班员、运检师
典型职业活动描述	根据《变电站值班员》国家职业标准、城市轨道交通牵引变电站值班员素质模型、城市轨道交通供电企业变电站值班员（初级工、中级工）、运检师工作标准的具体要求，操作、管理变配电设备，监视其运行

要素	描　述
课程目标	**知识目标:** 1. 掌握城市轨道交通牵引供电系统的组成与功能; 2. 熟练掌握牵引供电的电源系统(10kV)的组成; 3. 熟练掌握牵引供电系统一次系统图,熟悉调度编号的规则; 4. 掌握牵引供电系统的正常运行方式、非正常运行方式、应急运行方式; 5. 了解高低压电气设备知识,掌握牵引供电设备的位置、作用及联锁关系; 6. 掌握牵引直流供电系统的组成,熟悉直流系统的调度编号规则; 7. 熟悉城市轨道交通供电牵引网的分类及作用; 8. 掌握低压配电(400V)及操作电源的运行方式;熟悉 400V 系统的调度编号; 9. 熟悉钢轨电位限制、杂散电流防护等主要其他相关设备的作用。 **能力目标:** 1. 能够正确绘制、分析城市轨道交通牵引供电一次系统图,并正确表示调度编号; 2. 能够对照一次系统图,识别电源部分(10kV)、直流供电(750V/1500V)、低压配电部分; 3. 能够对照一次系统图,在牵引变电所找出对应的实物设备,并说明其作用; 4. 熟练运用牵引供电系统的正常、非正常及应急运行方式,正确进行设备巡视; 5. 能正确分析直流供电系统运行状态及对直流供电的影响; 6. 能正确分析 400V 系统的运行方式及运行状态,并能进行常规巡检; 7. 能够使用简明、易懂、准确的专业术语汇报和询问工作,能填写相应的工作记录; 8. 正确使用高低压验电器、绝缘手套、绝缘靴、绝缘拉杆等常用安全工具; 9. 正确填写倒闸操作票,正确进行倒闸操作。 **态度目标:** 1. 在城市轨道交通牵引供电作业中,培养学生安全、合作、遵章守纪的意识; 2. 在牵引变电所的参观活动中,培养学生善于观察、勤于思考的工作作风; 3. 通过异常运行和应急处理,锻炼学生沉着应对突发事件的心理素质; 4. 通过全方位规范管理,使学生在文明礼仪、规范操作等方面得到良好的养成教育; 5. 在课堂讨论和学习成果展示中,锻炼学生的语言表达能力和创新意识
课程内容	1. 学习城市轨道交通牵引供电系统组成(6 课时) 通过参观城市轨道交通牵引供电实训中心,收集现场图片、文字资料,使学生初步掌握牵引供电系统的组成与功能;通过对牵引供电系统的剖析,促进学生对牵引供电系统主要电气设备的认识。 此项目的主要内容有: 结构或原理:城市轨道交通牵引供电系统的组成、功能;城市轨道交通牵引供电系统的主要电气设备(牵引变压器、牵引整流柜、高压开关设备、互感器等)基础知识。 工具、设备使用:城市轨道交通牵引供电系统设备; 工作方法训练:系统的认知、设备识别; 信息获取:牵引供电系统图、变电所实际设备感性认知; 其他:安全参观,5S,协作与沟通。 2. 学习牵引供电电源系统(32 课时) 通过参观、收集城市轨道交通供电系统实训中心,收集牵引供电电源部分一次系统图,对照图纸分析电源部分的组成、识别对应的设备,从而掌握电源系统的组成与作用,掌握主接线的结构;并对照实物标注和系统图的编号标注,找出调度编号规则。 通过在牵引变电所操作,模拟训练正常、非正常及应急处理的基本能力。 此项目学习内容主要有: 结构、原理、电路:牵引供电系统图、四种主接线方式图、调度编号规则;

要素	描　　述
课程内容	设备、工具的使用:牵引供电变电所、高压开关柜、变压器; 信息获取:收集现场系统图、结合图纸识别事物、操作; 工作方法训练:读图、对比、实物操作、模拟训练; 其他:安全、沉着应对突发事件的心理素质。 3. 学习牵引直流供电系统(20 课时) 通过参观直流供电系统,指出直流电电系统的主要设备,引导学生学习、分析直流供电的整流机组的工作原理, 拆开直流设备柜体,对照实物绘制直流系统接线图,使学生掌握直流供电系统的原理和组成; 通过模拟巡视直流供电系统,训练直流供电系统与维护的基本能力。 此项目的主要学习内容有: 结构、原理、电路:24 脉波整流电路、直流供电系统图; 设备、工具的使用:牵引供电变电所、直流快速开关柜、整流机组、变压器; 信息获取:24 脉波整流电路图、直流供电系统图、巡视内容一览表; 工作方法训练:实物对照、模拟巡视; 其他:安全、合作、遵章守纪的意识。 4. 学习牵引供电牵引网 (14 课时) 通过到牵引网实训场参观,引导学生找出牵引网的不同形式,检索资料,指出其异同,训练学生借助观察和信息检索学习牵引网的基础知识。 此项目的主要学习内容有: 结构、原理、电路:牵引接触网、接触轨供电系统图; 设备、工具的使用:观察实训场的牵引网、移动终端信息检索; 信息获取:牵引接触网、接触轨供电系统图; 工作方法训练:参观、实物直观、信息检索; 其他:安全操作,语言表达能力和创新意识。 5. 学习低压配电及操作电源部分(18 课时) 通过参观 400V 供电系统,收集 400V 系统接线图,引导学生对照图纸,指出直流电电系统的主要设备,总结系统调度编号的规则; 通过操作 400V 系统设备及操作电源柜,训练学生 400V 系统及操作电源的运行能力; 通过巡视 400V 系统设备及操作电源柜,模拟训练学生巡视 400V 及操作电源的基本方法。 此项目的主要学习内容有: 结构、原理、电路:400V 系统接线图、调度编号的规则; 设备、工具的使用:牵引供电变电所、低压开关柜、交直流操作电源柜; 信息获取:400V 系统接线图、调度编号的规则、巡视内容一览表; 工作方法训练:实物对照、操作、模拟巡视; 其他:安全操作、合作、遵章守纪的意识。 6. 学习牵引供电其他设备 (6 课时) 通过到现场参观,引导观察杂散电流防护、钢轨电位限制、再生制动能耗设备,检索资料,总结各设备的主要作用。 此项目的主要学习内容有: 结构、原理、电路:杂散电流防护、钢轨电位限制、再生制动能耗原理图; 设备、工具的使用:观察杂散电流防护、钢轨电位限制、再生制动能耗设备; 信息获取:杂散电流防护、钢轨电位限制、再生制动能耗原理图; 工作方法训练:参观、实物直观、信息检索; 其他:安全参观,语言表达能力和创新意识

要素	描　述
核心技能训练项目	1. 绘制、识读城市轨道交通牵引供电系统图； 2. 绘制、识读城市轨道交通牵引变电所一次系统图； 3. 巡视检查； 4. 倒闸操作
考核标准	根据《变电站值班员》国家职业标准、城市轨道交通牵引供电变电站值班员、运检师素质模型、城市轨道交通供电企业变电站值班员（初级工、中级工）、运检师工作标准的具体要求，达到以下标准： 1. 正确识读城市轨道交通供电常用一次设备符号、位置、作用； 2. 识读牵引变电站一次主接线图，并能正确指明电能流通路径； 3. 正确操作常用开关设备：断路器、隔离开关、接地刀； 4. 能够正确模拟倒闸操作、能够正确巡视； 5. 掌握多个变电所之间的协调关系； 6. 能准确描述专业技术术语； 7. 遵守安全操作规范，爱护实训设备

五、教学实施建议

（一）教学设计

根据本课程标准，学校在教学实施前，要组织相关教师进行进一步的教学设计，明确本课程实施的载体，制订本课程实施的具体方案，细化考核标准和确定评价方法。

（二）教学方法建议

本课程是理论实践一体化课程。

对于理论性较强的内容，在教学中可以采用讲授、小组讨论、信息检索，信息化辅助教学等方法。让学生在生生互动、师生互动、信息化渲染中进行感性认知、合作学习。

对于理论与实践结合紧密的内容，采用项目教学法，在学习过程中使学生体会现场变电站工作环境。

教学中要充分利用各种教学资源和教学媒体，创设教学情境，增加学生动手实践操作的机会，提高学习兴趣，激发学习动力，强化实践技能的培养，掌握相应的知识和技能。

教学中还要体现职业道德和职业意识的培养，使学生掌握专业学习方法，提高自主学习能力，为学生的可持续发展奠定基础。

（三）评价方法建议

本课程坚持理论与实践并重的原则，在评价上采用理论考核和实践考核相结合的方法。注重过程性考核与结果性考核相结合，逐步建立学生的发展性考核与评价体系。

过程性评价重点考评学生在平时学习过程中的表现，包括学习态度、学习效果、同学间的协作与沟通、学习中表现出来的安全、节能、环保意识等。

结果性评价采用理论考核和实践考核相结合，理论考核重点考查学生对基本知识的理解和应用，考试方式可以是笔试或口试、开卷或闭卷；实践考核重点考查学生的专业技能、操作方法、操作规范、工作安全意识等，考试方式可以是实操、口试、项目作业等。

评价主体体现多元化，即教师的评价与学生的相互评价、学生的自我评价、企业专家的评价相结合。

(四)教学设备与学习场景基本要求

需要在具备多媒体设备、城市轨道交通牵引供电实训中心和牵引接触网实训场现场进行。教学设备应满足《北京市中等职业学校实训基地标准》的要求。

学习场景要贴近企业真实工作场景,既要有相关企业的规章制度、安全操作规范,还应渗透企业文化,注重对学生职业素质、人文修养方面的教育。学习场景的空间设计要符合实际城市轨道交通牵引供电场景,使教学、实操、工作情景融为一体。

参考文献

[1] 吉鹏霄,张桂林.电气化铁路接触网[M].2版.北京:化学工业出版社,2013.
[2] 姚振强.钢轨电位限制装置与杂散电流的关系分析[J].智能建筑与城市信息,2014(3).
[3] 李永东.钢轨电位异常升高的原因及解决措施[J].现代城市轨道交通,2013(3).
[4] 宋奇吼,李学武.城市轨道交通供电[M].北京:中国铁道出版社,2009.
[5] 张莹,陶艳.城市轨道交通供电技术[M].北京:人民交通出版社,2011.
[6] 肖莹.再生制动能量消耗装置[J].轨道交通,2006(2).
[7] 李伟.接触网[M].北京:中国铁道出版社,2011.
[8] 黄德胜,张巍.地下铁道供电[M].北京:中国电力铁道出版社,2010.
[9] 郑瞳炽,张明锐.城市轨道交通供电系统[M].北京:中国铁道出版社,2000.
[10] 北京市工伤及职业危害中心.电工[M].北京:化学工业出版社,2005.